厳選100項目で押さえる

管理職の基本と原則

特定社会保険労務士
本田和盛
［著］

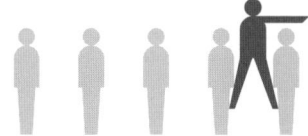

労務行政

はしがき

　本書は、管理職に必要な資質・能力、組織運営上のスキルやノウハウ、部下を指導・育成していく上で必須となる人材マネジメントの基礎知識を全100項目に厳選し、図解とともに解説を加えた実務書です。今年1月に刊行した人事担当者向けの『人事が伝える 労務管理の基本――現場の管理・指導・育成200のルール』のスピンオフ企画として、現場管理職の目線から項目ならびにレイアウトを全面的に見直し、書き下ろし分も加えて再構成しています。

　今も昔も、企業競争力の源泉は「人材」であり、とりわけ、現場で人材の指導・育成・管理を行う管理職は、組織を活性化し、企業業績の向上につなげていく上で重要な役割を担っています。

　しかしながら昨今は、グローバル化や競争環境の急激な変化など、企業は厳しい経営環境に置かれ、現場レベルでも、自律的な経営判断や臨機応変な問題解決が求められるようになっています。

　その結果、現場の管理職の業務は増大し、プレイングマネジャーとして自らの業務をこなしながら、業績向上、部下管理、業務改善など部門内の経営課題にも取り組まなければならない状況に迫られています。

　これからの管理職は、単なる現場のまとめ役では務まりません。高い視座からビジョンと戦略を示し、思いを熱く語り、対話し、部下を自律したフォロワーとして巻き込んでいく真のリーダーに脱皮する必要があります。

　混迷の時代において現場での価値創造の重要度が増す中で、現場経営型の管理職の必要性が高まっています。本書が、管理職やこれから管理職を目指す方に、少しでもお役に立つことができれば幸いです。

2014年5月

本田和盛

CONTENTS

●マネジメントとリーダーシップ　11
1　現代の管理職に求められる能力・スキル・知識 …………12
2　管理職が担うべきマネジメント機能 ………………………14
3　管理職の役割と権限・責任 …………………………………16
4　四つの管理原則・三つのマネジメントスキル ……………18
5　マネジメントとリーダーシップの違い ……………………20
6　権威で人を導くサーバントリーダーシップ ………………22
7　自律的・自発的行動につながるフォロワーシップ ………24
8　ストーリーテリングで部下を動かす ………………………26
9　シナリオ・プランニングで戦略脳を鍛える ………………28
10　部下を動機づけするためのモチベーションマネジメント ……30
11　部下との対話（ダイアログ）の進め方 ……………………32
12　まずは対話から進める活力ある組織づくり ………………34

●管理職の自己革新とキャリア　37
13　「中年の危機」の乗り越え方 ………………………………38
14　管理職こそ求められる自己革新の進め方 …………………40
15　管理職が押さえておくべきコンプライアンスに関する知識 ……42
16　言い訳と先送りの習慣を断ち切り、悲観的に行動する …44
17　今後のキャリアをどう構築するか …………………………46
18　ポータブルスキルは実践の中で高める ……………………48
19　管理職昇格試験攻略法（ヒューマン・アセスメント編）………50
20　管理職昇格試験攻略法（論文編）……………………………52
21　リストラされる人、されない人 ……………………………54

22　生き残る管理職は人脈で決まる……………………56
　23　管理職が身につけるべき仕事の進め方のコツ………58

○管理職の問題解決スキル　　61
　24　問題解決に向けたステップ…………………………62
　25　問題解決の思考………………………………………64
　26　タイムマネジメントのポイント（計画編）………66
　27　タイムマネジメントのポイント（実行編）………68
　28　管理職が行う業務改善活動…………………………70
　29　効果的・効率的に行うための会議のルールと進め方………72

○管理職必須の労務管理の知識　　75
　30　採用面接での留意点…………………………………76
　31　部下を辞めさせる際の留意点………………………78
　32　ハラスメントの基礎知識……………………………80
　33　職場のルールと服務規律……………………………82
　34　懲戒には、いくつかの段階がある…………………84
　35　懲戒処分にあたっての五つの原則…………………86
　36　勤務態度のよくない者・成績不良者への対応……88
　37　業務と無関係なインターネットの閲覧・私用メール………90
　38　SNSの利用に対するルール…………………………92
　39　身だしなみ、茶髪・ひげなどの規制………………94
　40　社内恋愛・不倫について規制することはできるのか………96
　41　無断アルバイトや兼業を禁止できるか……………98
　42　会社批判や上司批判、ネットへの書き込みへの対応………100
　43　情報の持ち出しや秘密漏えい、内部告発への対応………102
　44　私生活上の犯罪行為や飲酒運転への対応…………104

45　定年制や継続雇用など高齢者雇用に関する基礎知識 …………106
　46　障害者の雇用に関する基礎知識 ……………………………………108
　47　セクハラには二つのタイプがある ………………………………110
　48　これはセクハラとなるのか …………………………………………112
　49　一方的な恋愛感情とストーカー行為 ……………………………114
　50　信頼関係がある中での暴言・罵倒もパワハラになるのか …116
　51　社外での行為であってもセクハラ・パワハラになるのか …120

●メンタルヘルスの基礎知識　123

　52　管理職が担う部下のメンタルヘルス対策 ………………………124
　53　ストレス解消と健康管理 …………………………………………126
　54　部下がメンタル不調になったら …………………………………128
　55　メンタルヘルスに関して問われる会社と管理職の責任 ……130
　56　いわゆる「新型うつ」が疑われる部下への対応法 …………132
　57　発達障害が疑われる部下への対応法 ……………………………134
　58　メンタル不調者に対する復職後の配慮 …………………………136

●部下の指導・育成　139

　59　部下指導の心構え …………………………………………………140
　60　やる気のない部下を動機づけるには ……………………………142
　61　部下を一人前に育てるには ………………………………………144
　62　先輩社員が支援するメンター制度 ………………………………146
　63　育成計画の作成と育成面談におけるポイント ………………148
　64　コーチングを活用した部下指導 …………………………………150
　65　育成をすることで部下の仕事のマンネリ化を防ぐ …………152
　66　部下を褒めるときのポイント ……………………………………154
　67　部下を叱るときのポイント ………………………………………156

68　部下の能力差・年齢差が大きい場合の指導法 …………………158
69　若手リーダーを育成する方法 ……………………………………160
70　指導・育成の効果が出ない理由とは ……………………………162
71　忙しくて部下育成に時間が割けない場合の指導法とは ………164
72　こんな部下をどう指導する？
　　　──協調性不足／反抗的／指示を聞かない ………………166
73　こんな部下をどう指導する？
　　　──報告・連絡・相談が少ない／報告内容が不十分 ………168
74　こんな部下をどう指導する？──段取り不足／時間にルーズ…170
75　こんな部下をどう指導する？
　　　──問題意識の欠如／手抜き／仕事が遅くミス連発 ………172
76　こんな部下をどう指導する？
　　　──指示待ち／仕事の固執・えり好み ……………………174
77　こんな部下をどう指導する？──自信がない部下 …………176
78　こんな部下をどう指導する？──気づきがない／すぐ落ち込む…178
79　こんな部下をどう指導する？
　　　──成績のよくない社員・職場に適合しない社員 ………180

●人事評価の進め方　　183

80　人事評価の目的と評価する者の心構え …………………………184
81　評価面談時のリレーション形成 …………………………………186
82　評価者に対して求められるものとは ……………………………188
83　人事評価の利用目的と種類 ………………………………………190
84　成績評価と能力評価の違い／絶対評価と相対評価の違い ……192
85　評価者が陥りやすいエラー ………………………………………194
86　中心化傾向・寛大化傾向をどう避けるか ………………………196
87　部下の目標設定の方法 ……………………………………………198

88	評価面談の進め方とポイント ……………………………200
89	部下の感情的な反応への対処法 …………………………202
90	本人と上司評価とのギャップ／1次・2次評価者間のギャップ…206
91	評価結果と部下のモチベーション ………………………208
92	評価結果に対するクレーム対応 …………………………210
93	評価のマンネリ化への対応 ………………………………212
94	忙しくて評価に時間が割けない場合 ……………………214
95	評価制度への不満に対する対応 …………………………216
96	こんなとき、どう評価する？ ――周囲の貢献が高い場合・外部要因の影響 ……………218
97	こんなとき、どう評価する？ ――期中の異動・担当変更による不慣れな業務 …………220
98	こんなとき、どう評価する？ ――他の業務との兼務・他部門への応援 …………………222
99	こんなとき、どう評価する？ ――個人業績はよいが、協調性に欠ける部下 ……………224
100	こんなとき、どう評価する？ ――上司よりも専門性が高い部下 ………………………226

○[付録] チェックシート　229

- 管理職チェックシート ………………………………………230
- 部下観察チェックシート ……………………………………232
- 報・連・相のポイント ………………………………………234
- 部下がやる気をなくすNGフレーズ ………………………236
- 部下がやる気を出すOKフレーズ …………………………238
- リストラアラーム・チェックシート ………………………240
- 部下のストレス状況チェックシート ………………………242

- 職場風土チェックシート …………………………………………244
- セクハラ、パワハラ、職場いじめチェックシート ………………246
- 女性活躍推進チェックシート ……………………………………248
- 健康診断結果の見方 ………………………………………………250

マネジメントと
リーダーシップ

1 現代の管理職に求められる能力・スキル・知識

- 管理職では階層が上がるほどコンセプチュアルスキルの重要度が増す
- 職場の問題解決を進める上では、マネジメントサイクル（PDS）を回すスキルも重要である

1 管理職に求められる三つのスキル

　管理職に限らず、組織で働く者には、「コンセプチュアルスキル」「ヒューマンスキル」「テクニカルスキル」の三つが必要とされます（ロバート・カッツの理論）。

　①コンセプチュアルスキルとは、「戦略的に物事を考え、職場のミッションやビジョンを描く能力」「職場の課題を形成し、それを解決する能力」「情報を収集し、適切に処理する能力」「部門・職場単位を管理する能力」といった思考系のスキルです。②ヒューマンスキルとは、「部下を指導・育成する能力」「上司を動かす能力」「組織を変革する能力」などの対人関係スキルです。③テクニカルスキルは、「労務管理に関する知識」「会計に関する知識」「コンプライアンスに関する知識」といった知識や、「新規事業や新規顧客を開発する能力」といった業務スキルをいいます。

　これら三つのスキルのうち、コンセプチュアルスキルは管理職階層が上がるほど必要となり、テクニカルスキルは徐々に必要度が低下します。管理職階層が上がると、現場業務から離れ、部下の管理業務の割合が高まるからです。ヒューマンスキルは、管理職階層が上がっても必要度はそれほど低下しません。組織は人の集まりであり、人を通じて成果を実現するのが

■ カッツモデルの概要

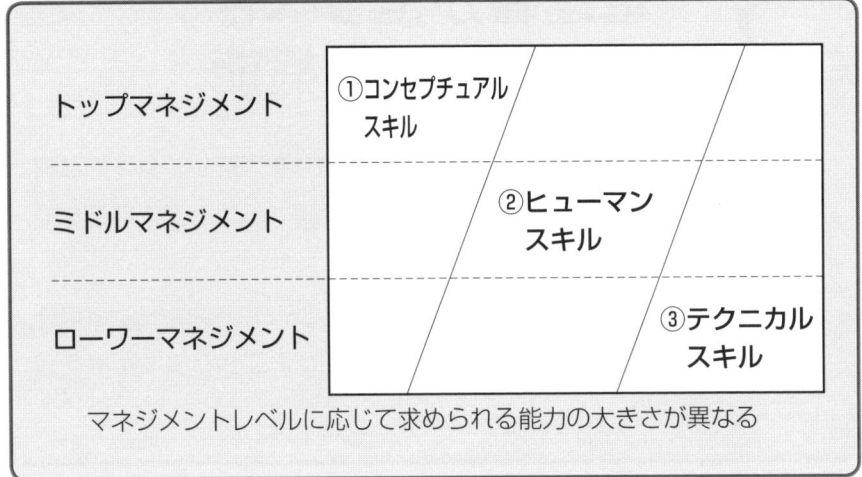

マネジメントレベルに応じて求められる能力の大きさが異なる

管理職の役割ですので、対人関係スキルは経営層になっても求められます。

② PDSを回すスキル

　管理職に必要なスキルとして、Plan（計画）→Do（実行）→See（評価）というマネジメントサイクルを回すスキルをあげる人も多いでしょう。職場で抱える課題の解決策を仮説として設定し、実行計画と目標を立て、続いて解決策を実際に実行し、その結果を当初の計画目標と照らし合わせて評価します。

　この一連のマネジメントサイクル（PDS）で一番重要なのは、Seeでしょう。SeeではPlanとDoの結果との差異を分析し、目標未達に終わった原因を探求します。解決策が悪かったのか、その実行が悪かったのか、目標や計画に無理があったのかを評価し、改善策を検討した上で、次のPlanに反映させるのです。なお、PDSは、PDCA（Plan→Do→Check→Action）で表現されることもあり、本書の他のページではPDCAで説明しています。

2 管理職が担うべきマネジメント機能

- 管理職の役割は、組織のミッション（使命）を理解し、具体的な将来ビジョンを掲げ、マネジメント機能を発揮することで、部下を通じて成果実現を図ることである
- 管理職は結果責任を負う一方、PDCA（Plan→Do→Check→Action）というマネジメントサイクルを回すことで成果獲得を確実なものとする

① 組織のミッションを理解し、ビジョンを語る

　組織は、個人では達成できない大きな成果を実現するために存在しています。管理職の仕事は、多様な価値観・能力・目的を持つ部下を束ねて組織成果（業績）を追求することです。管理職の給料は、部下を通じて業績を上げることに対して支払われています。

　ところで、組織として追求する組織成果は、組織のミッションが何であるかによって決まります。「ミッション」とは組織が存在する理由、組織に与えられた使命のことで、管理職はまず、自分の組織のミッションが何であるかをきちんと説明できなければなりません。自分の組織は誰（顧客、他の組織など）に対して、どのような価値を、どのような手段で提供するのかを明確にしなければ、ビジョンも戦略も戦術も描けません。

　「ビジョン」とは、組織として将来的に目指す姿・イメージのことで、部下を鼓舞し、共通の目標（夢）に向けて動機づけするためのメッセージです。ミッションを理解し、ビジョンを語れる者が、組織のリーダー（管理職）です。

■ 管理職が担うべき五つのマネジメント機能

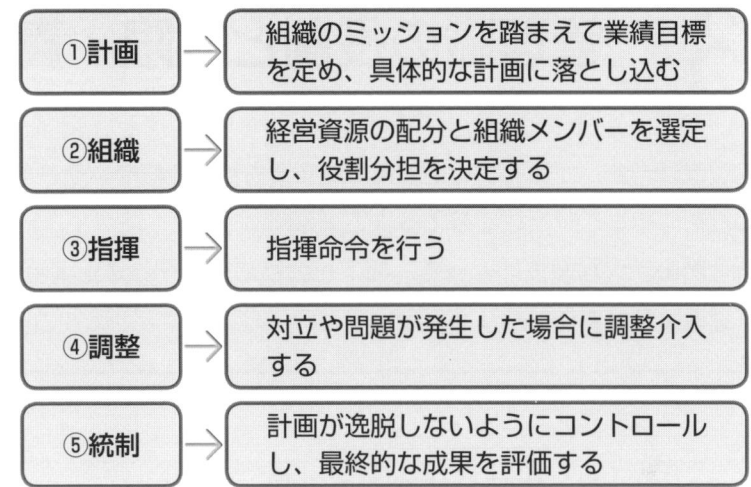

② 管理職は組織のミッションを実現する責任者

　管理職の中には、部下に仕事を配分し、後はその進捗管理をすることだけが管理職の仕事のように考えている者もいますが、それだと単なる"手配師"にすぎません。管理職は組織のミッションを実現する責任者です。責任者であるから自分に過失がなくとも、部下の落ち度で失敗したら責任をとらざるを得ません。業績を上げられなければ解任されます。

　責任には、やるべきこと・命じられたことをやったか否かで決まる業務遂行責任と、やったか否かではなく、結果がどうなったかで責任を問われる結果責任（説明責任、業績管理責任）の二つがあります。管理職の責任とは、結果責任であることは言うまでもありません。

　やや古典的ではありますが、管理職が担うべきマネジメント機能は「計画」「組織」「指揮」「調整」「統制」の五つの要素（プロセス）で定義されます。この一連のマネジメント機能が、PDCA（Plan→Do→Check→Action）というマネジメントサイクルを回すことです（13ページ参照）。

③ 管理職の役割と権限・責任

- 管理職は、会社が保有する従業員に対する労務指揮権を、それぞれの役割に応じて分担して与えられている
- 管理職の重大な過失によって、部下が会社に損害を与えた場合は、管理職は監督責任を追及される

① 会社の役割・権限と管理職の役割・権限とは

　会社は従業員と雇用契約を結ぶことで、賃金支払義務と引き換えに、従業員に労務の提供を求め、指揮命令を行う権利(以下、労務指揮権)を得ることができます。労務指揮権は、従業員が雇用契約を結んでいる相手先である会社が保有しますが、実際は、個々の管理職に分担付与され、現場の管理職が労務指揮権を行使しています。管理職は、会社の事業目的である経営成果の追求という役割を分担して担い、その役割を果たすために、労務指揮権という権限を与えられているということになります。

　労務指揮権は業務命令権ともいわれ、単に作業を指示するにとどまらず、人事異動や部下の能力開発、職場秩序維持に関する権限等も含まれます。最近では、部下による営業秘密や顧客等の個人情報の漏えいを防止する権限、不適切な情報を外部発信しないよう情報を管理する権限、コンプライアンス違反を防止する権限などが重要となっています。

　管理職に分担して与えられている権限は、従業員に関することだけではありません。施設管理権限や対外的な取引に関する権限も与えられています。

■ 管理職の役割と権限・責任

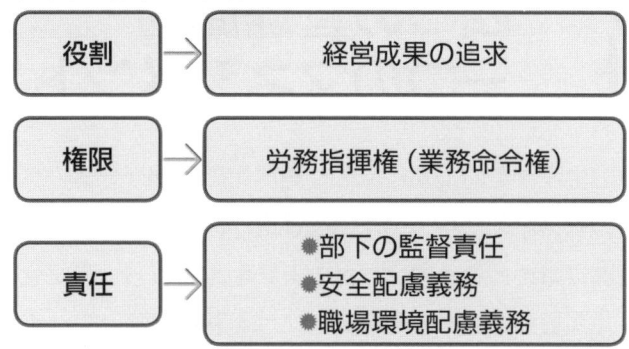

　個々の管理職が、会社からどのような権限（職務権限）を与えられているかは、職務分掌によって決まります。同じ管理職であっても、課長や部長、執行役員では、その権限の広さと深さが異なります。

② 管理職の部下に対する責任

　権限には責任が必ず付きまといます。管理職は役割に応じて権限を与えられる一方、権限の行使・非行使に伴う責任を負います。管理職の重大な過失によって、部下が会社に損害を与えた場合は、管理職は監督責任を追及されます。例えば、職務権限がないにもかかわらず、部下が勝手に重要な取引を行い、損害を発生させた場合、上司がこれを黙認していたのであれば、部下の内規違反だけでなく、上司の監督責任も厳しく問われるでしょう。

　管理職の責任は、義務として捉えるほうが適切な場合もあります。部下の過重労働を抑制し、メンタル不調者の発生を防止するなどの「安全配慮義務」、パワハラやセクハラを防止し、快適な職場環境を整備する「職場環境配慮義務」などは、今日的な管理職の義務です。

④ 四つの管理原則・三つのマネジメントスキル

- 組織の生産性を向上するには、専門化の原則（分業の原則）などの四つの管理原則に基づいた組織運営が必要である
- 管理職に求められるマネジメントスキルのうち、コンセプチュアルスキルが最も重要で、その習得には実務経験だけでなく、日頃の自己啓発が求められる

① 管理職が知っておくべき四つの管理原則

組織を円滑に回すための四つの管理原則が知られています。

①専門化の原則（分業の原則）：組織生産性を上げるには、個々の従業員がバラバラに働くのではなく、職務を整理して同様の業務を一つにまとめ、専門の部署や従業員に担当させるのがよいとされます。

②階層化の原則：専門分野別に分業化を進めることで、組織が細分化・階層化されていきます。会社がピラミッド構造をなしているのは、専門化の原則、階層化の原則に従っているからです。組織が細分化されるのは、管理スパンの問題もあります。1人の管理職が直接管理できる部下の数には限度があり、組織が大きくなると細分化・階層化せざるを得ません。

③命令一元化の原則：指揮命令系統を一元化して、複数の上司が同一の部下に同時に指示を出さないようにするという原則です。部長が、課長の頭越しに課員に対して指示を出すことは、この原則に反し、多くの場合、現場は混乱します。

④権限・責任一致の原則：管理職としての役割を果たすためには権限が必

■ 四つの管理原則

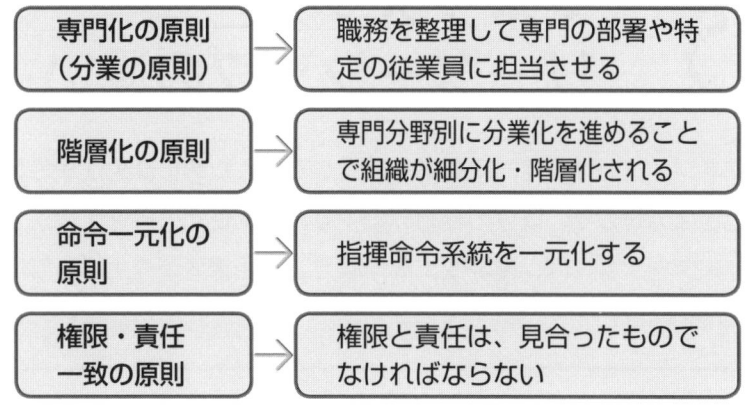

要で、責任も権限に見合ったものでなければなりません。

② 管理職に求められる三つのマネジメントスキル

　スキルについては、「テクニカルスキル」「ヒューマンスキル」「コンセプチュアルスキル」の三つがよく知られています（12ページ参照）。「テクニカルスキル」とは実務スキルのことで、プレイング・マネージャーには必須ですが、より上位の管理職になるほど必要性は低下します。逆に人間関係を構築する「ヒューマンスキル」は、どの階層の管理職でも必要です。上級管理職は、一段高い視座からマネジメントを行う必要から、「コンセプチュアルスキル」（思考系スキル）も高度のものが求められています。

　コンセプチュアルスキルは一般的に問題発見・分析・解決スキルを指し、情報収集力、情報把握力、問題分析力、戦略構築力、組織活用力、問題解決力などに分けて評価されます。コンセプチュアルスキルは、実務をこなしているだけでは身につきません。読書と実践を通じた思考トレーニングなど、それなりの自己啓発が求められます。

5 マネジメントとリーダーシップの違い

- マネジメントは安定的に事業を運営していくためには欠かすことができないもので、既存の枠組みの中で、効率性と効果性を追求する
- リーダーシップは、環境変化を先取りして組織変革を主導していくことをいう

1 マネジメントとリーダーシップは異なる

　マネジメントとは、18ページで説明した管理原則に基づき、14ページで説明した組織のミッションを実現するために計画と予算を立て、人・モノ・金といった経営資源を割り振り、統制（コントロール）や評価を加えながら組織課題を解決していくという機能を実践することです。

　安定的に事業を運営していくために、マネジメントは欠かすことができないもので、企業の管理職の大部分はマネジメントに従事しています。また、マネジメントは、ある程度決まり切ったプロセスを繰り返すので予測可能性も高くなります。このようにマネジメントは、環境変化の中で既存の枠組み（既存システム）を維持しながら、いかに効率的にかつ効果的に対処していくかにポイントが置かれます。

　これに対してリーダーシップは、環境変化を先取りして組織変革を主導していく点に重点が置かれます。既存システムの変革ありきである点が、マネジメントとは異なります。

■ マネジメントとリーダーシップ

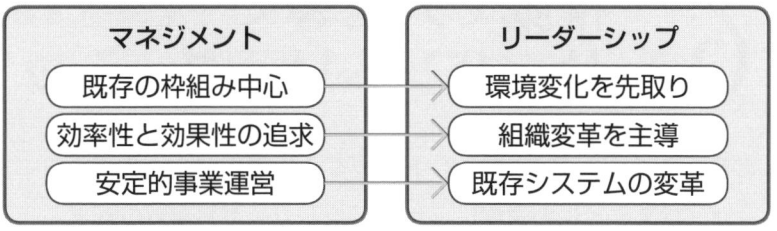

② カリスマ的リーダーから変革型リーダーへ

　リーダーシップ論については、リーダーシップのスタイルは不変なものではなく、部下の成熟度など置かれた状況によって異なるという状況適応理論が1960年代に提唱されました。1970年代以降は経済環境が激変し、強いリーダーシップが求められるようになったことから「カリスマ的リーダーシップ理論」が登場し、上司は部下からカリスマとして認知されることが重要となり、そのためにリーダーは戦略ビジョンを提示し、現状を正しく評価し、自らリスクをとる行動を求められました。

　一方で、「変革型リーダーシップ」も提唱されました。リーダーシップをプロセスと捉え、最初にビジョンを提示し、将来の方向を決め、戦略を推し進めていく必要性を強調するものもあるなど、変革型リーダーシップでは、明確なメッセージとしてビジョンを示すことで部下の共感を生み、変革を起こさせます。

　変革型リーダーシップはトップマネジメントにだけ必要なものではなく、すべての階層の管理職に求められるものです。また、リーダーシップは生まれつきの特性ではなく、行動によって発揮されるものです。

　マネジメントスキル（19ページ参照）は実務を回すスキルでしかなく、変革型リーダーシップでは、さらに革新性、ビジョン構築力といった別のスキルが必要となります。

6 権威で人を導く サーバントリーダーシップ

- 部下を強いパワーで支配し、トップダウンで指揮命令を行うリーダーシップスタイルの対極に、サーバントリーダーシップがある
- 部下をリードするには、まず部下の期待に耳を傾け、支援していくところから始める。権力ではなく、上司の権威で部下を導きたい

① 部下の支援がサーバントリーダーシップ

　リーダーシップは、前ページで説明した変革型リーダーシップだけではありません。「リーダーはまず相手に奉仕し、その後相手を導く」という「サーバントリーダーシップ」も有名です。

　サーバントリーダーは、部下を強いパワーで支配し、トップダウンで指揮命令を行うというこれまでのリーダー像の対極に位置するもので、部下に対する奉仕や支援を通じて、部下から信頼を得て、主体的に協力してもらえる状況をつくり出します。ミッション（使命）を理解し、ビジョンと先見性と深い洞察力を持つリーダーが、部下の期待に耳を傾け、支援していくところに本質があります。

② 権力で管理するのではなく、権威で導く

　管理職は人・モノ・金のマネジメント（管理）を行いますが、リーダーは人をリード（導く）します。特にサーバントリーダーシップでは、権力で人を管理するという発想ではなく、権威で人を導くという点が重要とな

■ 一般的リーダーとサーバントリーダー

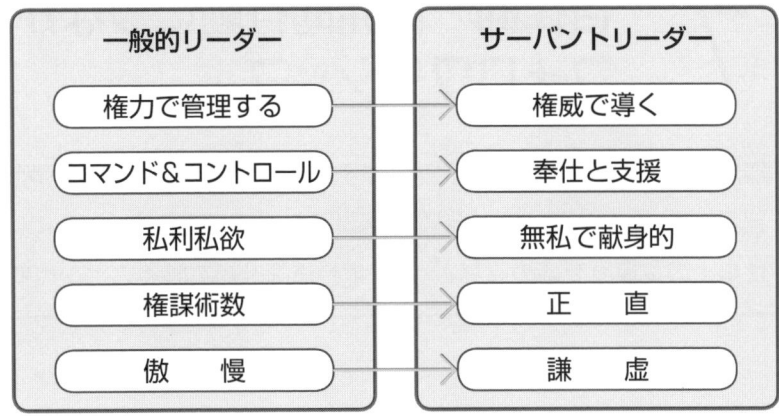

ります。この権威を身につけるには、相手との信頼関係の構築がまず必要で、そのためにリーダーは人を欺かない正直さを持ち、忍耐強く自制し、優しさと謙虚さ、相手に対する敬意を持ち、無私で献身的に行動しなければならないとされます。

　自分の私利私欲のために感情に任せて振る舞っているリーダーには、誰もついていきたいとは思わないでしょう。部下のことに関心を持ってくれている上司、部下のニーズ（より能力を発揮できる仕事機会の提供、家庭生活と両立可能な職場環境など）に配慮し、献身的にその実現をサポートしてくれる上司であり、部下であっても重要な一人の人間として敬意を払ってくれる上司であれば、その発言に対して耳を傾けていくでしょう。

　管理職としては、まず、謙虚に自分自身の行動を振り返ってみる必要があります。謙虚になれない管理職は傲慢になり、尊大になり、自分が正しいという誤った信念に陥りがちです。そうなると部下に対しても不誠実な対応をとるようになり、サーバントリーダーからはますます遠のいていきます。部下からの信頼を得られない管理職は、成果も上げられません。「管理職の成果は、部下を通じて実現される」ことを忘れてはなりません。

7 自律的・自発的行動につながるフォロワーシップ

- 環境変化に迅速に対応するには、部下の自律的、自発的行動が不可欠
- 部下にフォロワーシップを発揮させるには、組織情報をオープンにし、仕事上の裁量度を高めるなど、オーナー意識を持たせることが重要

① フォロワーシップの重要性が増してきた

　組織が環境変化に機敏に対応していくには、「現場力」を高める必要があるといわれます。現場力を高めるというのは、まさに顧客の最前線にいる部下のフォロワーシップを高めることです。部下がフォロワーシップを身につけることで、部下はいちいちリーダーの指示を仰がなくとも自ら適切な判断を下し、適切な行動がとれるようになります。

② フォロワーシップの本質

　フォロワーシップとは、上司の言いなりに動くことではありません。上司から指示されなくとも部下が自律的に判断し、その結果、自発的に行動するということで、言い換えれば、部下が自分自身に対してセルフリーダーシップを発揮するということです。上司とのコミュニケーションを通じて、自分に何ができるかを考えて行動することだったり、与えられた役割の遂行だけでなく、常に当事者として上司や職場に働き掛けることを意味しています。フォロワーシップの発揮は新入社員には難しいですが、ある程度業務に慣れてきた若手・中堅社員では大いに期待されるところです。

■ フォロワーシップ発揮のメリット

フォロワーシップの発揮	メリット
●上司とのコミュニケーションを通じて ●部下が自覚的に考察し ●上司や職場に働き掛け ●自律的・自発的に行動する	●やらされ感がなくなる ●環境変化に迅速に対応できる ●現場力が高まる ●チェック機能が働く ●上司との関係が改善する ●部下の評価が高まる

　健全なフォロワーシップが発揮されている職場では、上司の能力面でのウイークポイントも部下によってカバーされ、コンプライアンスに反する上司の行動に対してもチェック機能が働きます。一方で、部下がフォロワーシップを発揮する場合、上司の意見と対立することがあるかもしれません。感情的な対立は好ましくないですが、相互に認め合った上での適度な緊張はむしろ好ましく、上司と部下との信頼につながっていきます。

③ 部下にフォロワーシップを発揮させるポイント

　上司の指示命令に従うことに慣れている受け身の部下に、フォロワーシップを身につけさせることは容易ではありませんが、いくつかポイントがあります。まず、部下と組織との心理的距離を近づけるために、組織情報をできるだけオープンにします。部下が組織に無関心だと、フォロワーシップは発揮されにくくなります。

　さらに、部下の仕事上の裁量範囲を広げ、自分の仕事、自分の組織というオーナー意識を持たせます。フォロワーシップを発揮することで、上司との関係が改善され仕事がしやすくなる、上司からの評価も上がるなど、部下自身にとってメリットがある点も理解させることが必要です。

8 ストーリーテリングで部下を動かす

- ストーリーテリングとは、物語を通じて相手に自分自身の思いを、説得力と納得感を持って伝える手法である
- 物語には規範的価値が含まれている。部下指導だけでなく、組織文化の継承や変革にも使える

① ストーリーテリングで何を語るか

　ストーリーテリングは、相手に自分自身の思いを、説得力と納得感を持って伝える手法として活用されます。語りの中に、これまでの経験や出来事をエピソードとして挿入し、全体を一つの物語として構成することで、相手に強い印象を与え、共感を呼び、直観的な理解を促すのがストーリーテリングです。

　企業の経営理念や経営者のビジョンの浸透、組織文化の変革（再構築）に使われるもので、管理職が部下に方針を伝え、自分の後ろ姿を見せて指導する場合にも使えます。部下に「ああしろ、こうしろ」と一方的に指図するだけでは、部下はその意味するところを直観的に理解できず、かえって反発を招いてしまいます。そこで、指示の意図する背景を説明した上で、関連するエピソードを披露することで、部下と具体的な共通イメージを持つことができます。

　例えば、部下に「安全第一」という説明を行う場合、部下の経験や価値観によっては、上司と異なるイメージを持たれてしまう可能性があるため、上司の体験談や過去に会社で起きた重大事故などのエピソードを交え

■ ストーリーテリングの効果

ストーリーテリング	効果
●思いを熱く語る ●エピソードを交えて語る ●物語として構成する	●強い印象を与える ●共感を呼ぶ ●直観的理解を促進する ●共通のイメージが持てる ●部下の行動が変わる ●組織文化が変わる

て話をします。

　ストーリーテリングで使うエピソードは、創業時の出来事や成功事例、失敗事例などレジェンド（伝説・言い伝え）となっているものがよいでしょう。もちろん、上司自らの体験談でもよいですが、上司の自慢話とならないように注意しなければなりません。ウイットとユーモアに富んだ上司の体験談であれば、部下も必ず引き込まれるでしょう。

② 人は物語で学習する

　幼児は物語の読み聞かせで社会を知り、知らない間に社会規範を身につけていきます。ストーリーには規範的価値が含まれていますので、組織文化の継承や失われた創業時の精神を取り戻す場合にも有効です。また、未来に向けたシナリオを、過去や近未来の出来事を予見しながら語ることで、従業員の行動を変えることもできます。

　人は、物語を自分なりに意味解釈する中で学習します。社内で、昇格人事や配転人事が公表されると、「○○さんは…だから昇格した」とストーリーの中で意味づけて理解されますが、それも物語を通じた学習です。学習の結果、自分も昇格できるように自らの行動を変えていくからです。

9 シナリオ・プランニングで戦略脳を鍛える

- シナリオ・プランニングとは、将来を予測するプランニング技法。複数のシナリオを描くことで、成功と失敗の分岐点を明確にする
- 管理職も担当領域のシナリオを作成し、不測事態に備えた戦略的対応を検討したい

① シナリオ・プランニングで未来を描く

シナリオ・プランニングとは、将来を予測するプランニング技法の一つです。この実践例としては、石油危機を予測することで、社内対応を準備し、その危機を乗り越えたロイヤル・ダッチ・シェル社が有名です。

シナリオ・プランニングでは、組織内外の多様なステークホルダー（利害関係者）が加わり、将来に至るストーリーをリアルに描きます。単に将来の選択肢を箇条書きで書き出すのではなく、将来の楽観的または悲観的な複数のシナリオを描き、何が成功と失敗の分岐点になるのかを検討するものです。シナリオ・プランニングは将来の不測の事態に対応するだけではなく、よりよい未来を創造する場合にも威力を発揮します。

② シナリオ・プランニングの2段階

シナリオ・プランニングは2段階からなります。①将来に向けたシナリオを作成する段階、②そのシナリオに基づいて戦略を構築する段階です。シナリオを作成する段階では、まず、意思決定することが必要な特定の問

■ シナリオ・プランニングの手順

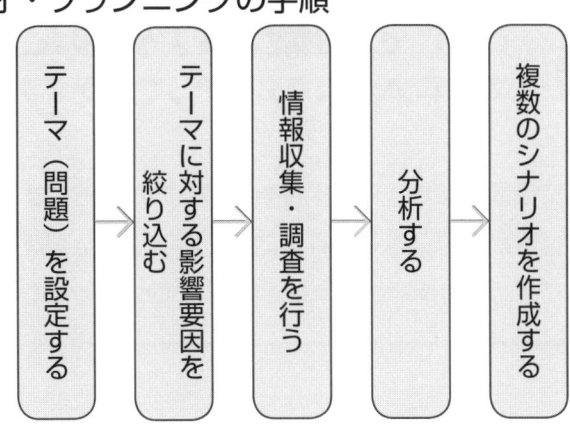

テーマ（問題）を設定する → テーマに対する影響要因を絞り込む → 情報収集・調査を行う → 分析する → 複数のシナリオを作成する

題を明確にします。それは、設備投資計画や研究開発方針のように、外部環境に依存するものです。次に、その決定の成否に影響を与える重要な要因を絞り込みます。人口動態や経済規制、新技術、政治的要因などがその例で、これらの要因は、ある程度予測が可能なものと、困難なものとに分けられます。そこで、予測が困難なものを中心に調査を行い、情報を収集・分析します。

　上記のプロセスを経て複数のシナリオを作成しますが、ポイントは、シナリオの分岐点（どこで・どうなる）をできるだけ明確にすることです。そうしないと、戦略的な対応策を検討できません。また、複数のシナリオを作ることもポイントです。不確実性が高い中でシナリオを一つに絞ることは、リスクの見落としにつながります。

　シナリオ・プランニングは、経営者の意思決定のためだけにあるのではありません。管理職としては、自分の担当領域に関するシナリオを作成することで、将来の不測の事態に備えることができます。シナリオの分岐点を明確にし、担当領域の動向に関する判断枠組みを持つことで、戦略的な対応が可能となります。

⑩ 部下を動機づけするためのモチベーションマネジメント

- 部下が何に価値を置き、何を期待しているのかを把握する
- どうすれば報酬を得られるか具体的に説明する。上司がサポートを申し出ることで成功確率が高まり、部下の前向きな行動も誘発される

① モチベーションとは何か

　モチベーション（動機づけ）とは、何らかの目標に向かって人の行動を起こさせることです。「マズローの欲求5段階説」によれば、人には欲求があり、その欲求を満たすために人は行動します。また、低いレベルの欲求が満たされたら、より高いレベルの欲求が生じるという考え方を前提に、生理的欲求（食欲など）→安全欲求（危険から身を守る）→社会的欲求（仲間をつくりたい）→自尊欲求（仲間から認められたい）→自己実現欲求（自分らしく生きたい）と欲求レベルが上がっていくと説きました。

　達成動機が強い部下に対するマネジメントで参考になる「マクレランドの欲求理論」もあります。目標達成を強く動機づけられている人は、自分の責任で問題解決を図りたいと考え、結果に対し迅速なフィードバックを求めます。また、運ではなく、自分の頑張りで成功したことが分かる程度の難易度の仕事で最高の成績を上げるというものです。

② 成功が期待できるから行動する

　まず、部下にとって魅力のある報酬とは何かを考えなければなりません。

■ マズローの欲求5段階説

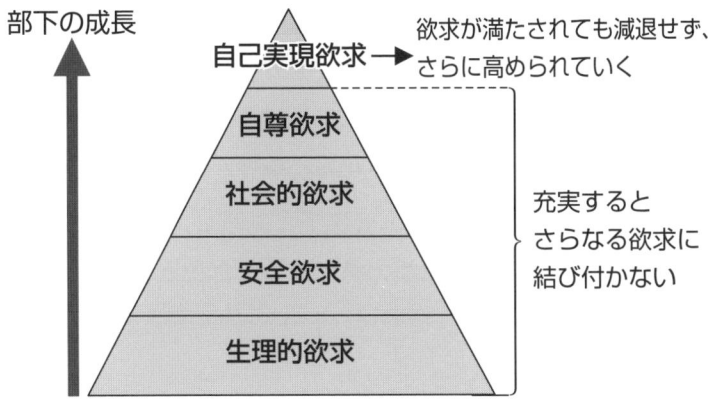

お金以外に昇進・昇格、仲間からの賞賛や能力を発揮できた喜び、社会的なステータスなども報酬となります。重要なのは、部下が何に価値を置いているかを知ることです。

次に、努力水準と成功との関係を明確にします。成功するためには、どういった努力が必要で、その努力はどのような達成基準で評価されるのかがあらかじめ明確になっていなければ、部下の行動は誘発されません。さらに、上司が具体的なサポートを申し出ると成功期待が高まるので、部下の行動を誘発しやすくなります。

③ 部下を動機づける報酬

部下を動機づける報酬は、昇給、昇進・昇格、名誉など外から与えられる外発的なものが一般的です。この場合、報酬を得ることが目的で、仕事をすることは手段となります。一方、内発的に動機づけられて仕事をするということもあり得ます。お金や出世が目的ではなく、「やりたいからやっている」というケースです。この場合、仕事そのものが目的なので、上司に命令されなくても仕事に没頭します。

11 部下との対話（ダイアログ）の進め方

- 対話において相手を批判しない、相手の発言を遮らない
- 管理職は、組織が置かれた状況を部下と共有し対話を進めることで、上下関係を超えて部下を協力者にすることができる

① 議論からディスカッションへ

　ビジネスの世界では、議論が重視されます。「議論」というと、どうしても一方が勝ち、一方が負けるというイメージがありますが、「ディスカッション」という言葉に置き換えると、俄然、前向きなイメージに変わります。ディスカッションには、問題解決のために多くのアイデアを出し合うプロセス（発散プロセス）と、アイデアを絞り込んで現実的な解決策を検討するプロセス（収束プロセス）があります。それぞれ意識的に使い分けると効果的です。

② ディスカッションから対話へ

　しかし、深い思索や相互理解という点では「対話」に勝るものはありません。対話の進め方に特にルールはないですが、相手を批判しない、相手の発言を遮らないという点は留意したいところです。なぜ相手の発言を遮るかというと、すでに自分で答えを出してしまっているので、相手の発言を聞く気になれないからです。このような態度は、相手に傲慢な印象を与えてしまいます。

■ 対立から対話へ

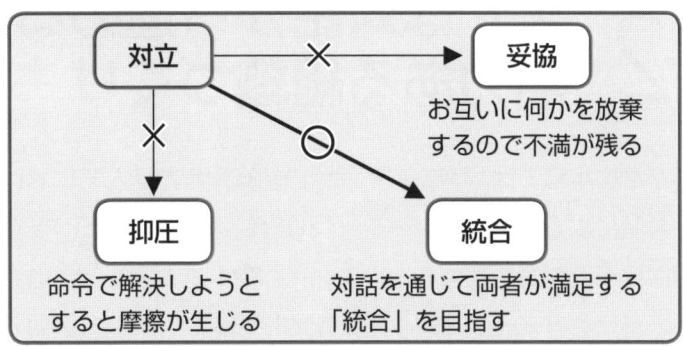

上手に対話するには、傾聴する姿勢を維持することがポイントです。「傾聴」とは黙って聞くという消極的なものではなく、相手が思い、感じているものを相手と同じリアリティで感じながら聞くということです。共感をもって聞くことで、相手の思っていることが初めて自分の心に響いてきます。対話とは、実はそこから始まるものです。

③ 対立から対話へ

対話は、対立の解消にも役立ちます。企業の中では、上司・部下間だけでなく、管理職間や組織間でも対立が生じますが、その場合、一方の命令で解決を図ろうとすることは不適切です。命令は上下関係を前提とするため、命令される側がやる気を失うか、反発することで上下間の摩擦がさらに大きくなります。それでも命令で解決しようとすると、命令される側は渋々従いますが、責任意識は弱くなります。

そこで、命令を「状況が求めているもの」と捉えます。この置かれている「状況」という中立的なものに向き合うようにすると、命令する側もされる側も同じ立場で取り組むことができ、前向きにアイデアを出し合って、問題解決が図れるようになり、部下を協力者にすることができます。

12 まずは対話から進める活力ある組織づくり

- 活力がない組織では、メンバー同士の相互理解が進んでいない。まず、対話によるインテグレーション（統合、職場の一体化）を進める
- 上司は部下と対話を進める一方で、イベントを企画し社内融合を進める。情報共有ミーティングを定期的に開催し、メンバー間でサポートし合う雰囲気を醸成する

1 対話による統合・職場の一体化

　活力がない組織では、メンバー同士の相互理解が進んでいません。関心がないため、お互いの誕生日や好きな音楽、趣味なども知りません。上司すら部下のことを理解していないし、理解しようともしないような組織では、上司があるべき論を語っても意味はないため、まず対話によるインテグレーション（統合。前ページ参照）を進めることが先決です。

　人間は誰しも「人としての自分」に関心を持ってもらいたいと考えているので、上司は一人ひとりと時間をとって、じっくりと対話しなければなりません。最近困っていることはないか、家庭の問題で悩んでいないか、自分のやりたい仕事ができているかなど対話の材料はいくらでもあるのに、目標管理面談しかやっていない管理職が大多数です。「忙しい」を口実にしている限り、インテグレーションは進みません。

　上司は部下と対話を進める一方で、ランチ会や食事会などを開き、社内融合を進めます。情報共有ミーティングを定期的に開催して、組織の方針や課題を自分の言葉で語り、部下の意見を傾聴します。情報共有ミーティ

■ マクレガーのX理論・Y理論

X理論	Y理論
●部下は生来怠け者 ●命令・統制と罰で管理すべき	●部下は責任感をもって働く ●自主性を尊重する管理がよい
↓	↓
アメとムチのマネジメント	承認と賞賛のマネジメント
↓	↓
受動的な部下	自発的な部下

ングを上司の"独演会"にしてはなりません。メンバーの仕事の状況も同時に共有することで、相互にサポートし合える雰囲気が芽生えてきます。

② 上司の人間観が職場活力に影響する

　受け身の部下を嘆く管理職は多いですが、部下を受け身にしている原因が管理職自身ということに気づいている者は少ないでしょう。上司の人間観が部下にどのような影響を与えるかという点では、「マクレガーのX理論・Y理論」が参考になります。X理論とは、部下は生来怠け者で、上司が命令・統制と罰で管理するのがよいとする人間観をいいます。逆にY理論は、部下は自己実現のために責任感をもって自ら進んで働くので、部下の自主性を尊重する管理がよいとする人間観です。

　上司が部下をX理論の人間観で扱うと、部下はやる気をなくして受け身になります。それを見た上司はさらにアメとムチを強化することになり、部下はますます受動的になります。そうなると完全な悪循環です。人に命令され、厳しく管理されて気持ちよく働ける者は、まずいません。失敗をとがめられるのを恐れて、言われたことしかしなくなり、積極性や自発性とは程遠い職場となってしまいます。

管理職の自己革新とキャリア

13 「中年の危機」の乗り越え方

- 中年の危機は、成人前期（若年期）と後期（中年期・高年期）との間の特有の問題。答えの出ない内省を繰り返して、精神的に不安定になる
- 中年の危機の時期は、いずれは終わる。あまりネガティブにならず、前向きに対処することが大切である

1 中年の危機の正体

　誰もが30代から40代前半の時期に、「中年の危機」（ミッドライフクライシス）を迎えます。中年の危機とは、自分の人生の意味や仕事における自分の存在価値を問い求めることによって、先の見えない袋小路にはまりこみ、悩み、もがき、苦しみ、精神的に不安定になることをいいます。答えの出ない内省を繰り返すのが、この時期の特色です。

　中年期は、肉体的にピークを迎え、仕事面でも先が見えてきます。また、社会的にも役割が重くなり、プレイヤーではなく指導的役割を期待されるようになり、私生活でも子の親としての役割、親の介護者としての役割などが加わります。中年の危機とは、さまざまな問題が一時に噴出する人生上の過渡期（トランジション）の問題です。

　中年の危機を迎える時期は人によって異なり、性別や業種・職種、雇用形態等でも差が出ます。中年の危機の時期は、一般的には40歳前後です。女性の場合、35歳前後にその時期を迎える人が多いのは、結婚や出産を契機に仕事を辞めるか、続けるかといった選択問題や、そもそも結婚・出産をするのかといった人生の中の最終意思決定に直面するのがこの時期だからです。

■ トランジション（過渡期）のイメージ

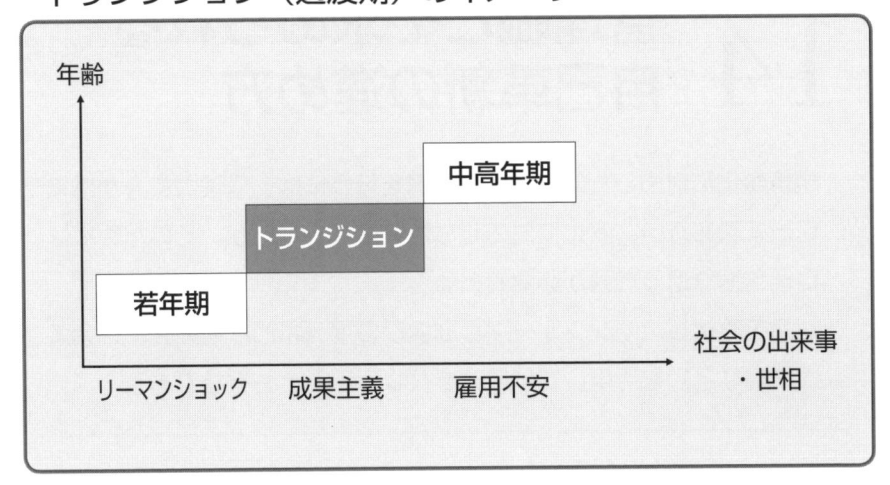

```
年齢
 ↑
 │           ┌─────────┐
 │           │ 中高年期 │
 │      ┌────┤         │
 │      │トランジション│
 │ ┌────┤    └─────────┘
 │ │若年期│
 │ └────┘
 │                          社会の出来事
 └──────────────────────→   ・世相
   リーマンショック  成果主義  雇用不安
```

２ 中年の危機はこう乗り越える

　中年の危機は、成人前期（若年期）と後期（中年期・高年期）との間の過渡期の問題で、端的には、年齢的・役割的な節目の問題といえますが、成果主義、雇用不安、生活不安などの今日的問題が、中年の危機をさらに複雑にしています。

　人は、社会不安が背景にあると、自分を冷静に見つめることができなくなり、どうしてもネガティブなものの見方をしてしまいます。そういう場合には、先輩や上司など信頼できる人からアドバイスを受けるのがよいでしょう。客観的に自分を見つめることからスタートしたいところです。

　中年の危機は過渡期に特有な一時的な問題であり、いずれは終わります。今までの人生やキャリアを集大成して、次の人生に向かう準備が整えば、過渡期はすでに越えています。過渡期に入ったら、前の人生は終わったと考えることが大切で、失ったもの、達成できなかったことにいつまでもしがみついていたら、次の人生に移れません。今は「終わり」と「始まり」の間の空白期間だと割り切り、自然体で対処するのが一番でしょう。

14 管理職こそ求められる自己革新の進め方

- 環境変化に対応した的確な部下指導を行うには、管理職自身が常に自己革新を行い、変化に対応しなければならないが、そのためには自己を振り返る機会が必要である
- 対話を重視したインフォーマルな学びの場(私的な勉強会、社会人大学院など)を活用して、自分を振り返ることも有益である

1 部下指導と管理職の自己革新

　部下指導とは、部下に対してこれまでとは異なる行動を求めることです。部下に対して行動変容を求めるには、管理職自身も変わる必要があります。部下指導の前提条件として、管理職には自己革新が求められるのです。

　管理職が自己革新を行うには、自らのマネジメント手法に対して問題意識を持つことが出発点となります。そのための気づきをどう得て、これまでの経験・知識・キャリアをどう統合していくかがポイントとなります。

　管理職に対する多面評価制度(360度フィードバック)を導入している企業もありますが、それは管理職の自己革新のための気づきを与えることが目的です。管理職本人を取り巻く上司や部下、他部署のメンバーなどからの評価を集計して、本人にフィードバックするという厳しい制度ですが、それゆえに本人に与えるインパクトは大きくなります。

　多面評価制度を導入しなくとも、管理職の適性がある者であれば、普段の業務遂行や部下との対話を通じて、自らの課題を感じ取っているはずです。

■ 学びのサードプレイス（第三の場）

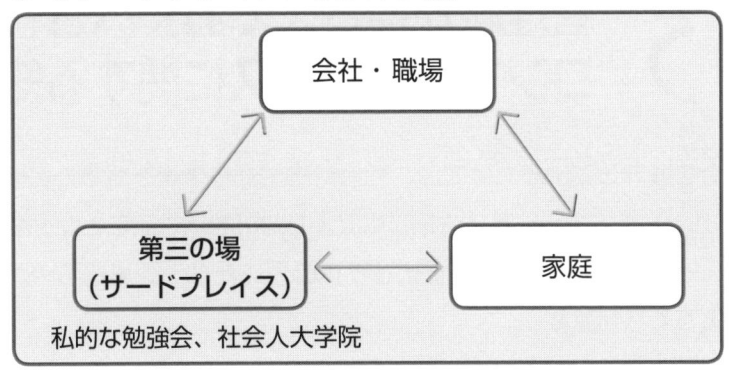

```
         会社・職場
         ↗     ↖
        ↙       ↘
  第三の場  ←→  家庭
 （サードプレイス）
 私的な勉強会、社会人大学院
```

② インフォーマルな学びの場で経験を振り返る

　『ダイアローグ 対話する組織』（中原 淳、長岡 健著　ダイヤモンド社）では、職場外において対話を通じて自分自身の経験を振り返る場として「学びのサードプレイス」が提唱されています。組織によって管理されるフォーマルな学び（企業内研修等）や、家庭において１人で行う自己啓発に加えて、職場や家庭以外の第三の場（サードプレイス）において、他者との関わりの中で学ぶという新たな学習スタイルの提示は斬新です。

　職場内でのフォーマルな学びだけでは、仕事経験を通じて確立した思考形式や行動様式から抜け出せません。マインドセット（経験、教育、先入観などから形成される思考様式）を切り替えるには、積極的にインフォーマルな場に出ていくことが有益です。最近では、私的な勉強会や対話を重視した学習の場が増えてきています。

　中高年管理職になってから社会人大学院に進学し、新たな視座を求める人も多くなりました。

15 管理職が押さえておくべきコンプライアンスに関する知識

- 法令を遵守しているだけでは、社会や株主から信頼を得ることはできない。コンプライアンスを広く捉えて対策を講じることが必要
- 「ノー」と言わせない組織文化が不正の温床となる。風通しの良い組織づくりが重要

① コンプライアンスとは何か

コンプライアンス（compliance）とは、comply（要求・規則に応じる、従う）の名詞形で、社会の一員として法を含めた社会の倫理に従うことをいいます。コンプライアンスの基本は法令遵守ですが、法の不備による抜け穴を突いた行為がモラル違反だとして社会的に指弾されることもあり、明文化された法令（法律、行政機関が発する命令）だけを遵守しておけばよいというものではありません。企業防衛の観点からは、コンプライアンスを広く捉えて対応を検討しておくべきです。

コンプライアンスを強化することで、社会や株主から信頼を得ることができ、企業価値を高めることにつながります。逆にコンプライアンス違反は、マスコミ等の報道を通じて、ブランドイメージを毀損し、信用を失墜させ、顧客の離反を招きます。

なお、業務に関する秘密漏えいや、SNSへの安易な写真投稿など、個人のモラル違反はコンプライアンスと範疇が異なりますが、モラル（倫理）が欠如しているという点では同じです。

■ 小さな不正が信用失墜を招く

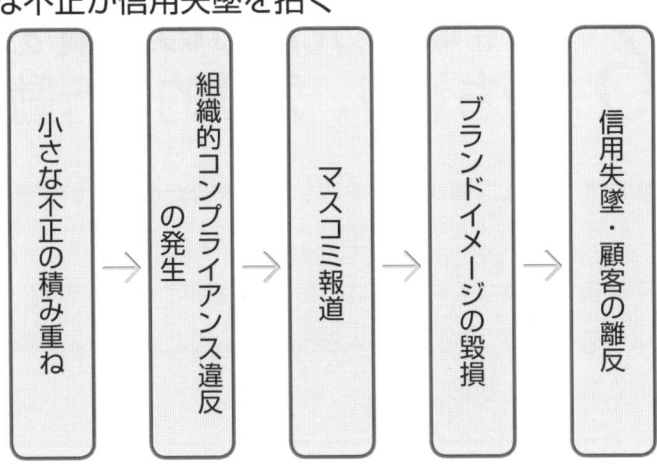

小さな不正の積み重ね → 組織的コンプライアンス違反の発生 → マスコミ報道 → ブランドイメージの毀損 → 信用失墜・顧客の離反

② 企業の不祥事がなくならない本当の理由

　企業の不祥事は、人が起こすものです。社員のモラル意識を普段から喚起しておくことが大切です。例えば、会社で購入している新聞や雑誌をコピーして顧客に配布することは出版社の著作権侵害となりますし、会社の備品（ボールペンなど）を私的に流用したら窃盗です。バス通勤として通勤手当を申請しているのに、実際は自転車で通勤している場合は、詐欺になります。「これくらいなら、許される」という意識で犯す小さな不正が積み重なり、いずれは大きな不正に結びつきます。

　企業の不祥事、例えばリコール隠しや食材の偽装表示などは、組織的に行われることが少なくありません。これは集団的な企業防衛意識が働くからです。会社の業績が悪化すると、賃金や雇用が不安定になる上、社員一人ひとりは立場が弱いので、会社で不祥事が行われていても、面と向かって異議を唱えることは困難となります。結局、自分を守るため、企業を守るために組織ぐるみの不正を受け入れ、"同調行動"をとることになります。「ノー」と言える、風通しの良い組織づくりが重要です。

16 言い訳と先送りの習慣を断ち切り、悲観的に行動する

- 言い訳をする人は、普段から失敗したときのための言い訳を考えている
- 失敗する自分を見たくない人は、困難な仕事を先送りする
- 自分に自信があり、楽観的な人も失敗することがある。悲観的に準備をしておくことが重要だ

① 言い訳と先送りの習慣を断ち切る

　失敗した場合に、その原因をどこに求めるかでも人間性が出ます。本人の個人的要因（能力不足、努力不足など）に求めるのではなく、自分以外の要因（上司のサポート不足、経済環境、競争環境など）を理由にする人は、普段から「言い訳」を考えながら仕事をする傾向があります。

　「セルフ・ハンディキャッピング」という心理学用語があります。「会社の方針が決まっていないので」「上司の能力が低いので」「初めて与えられた仕事なので」「時間がないので」といった言い訳を、失敗する前から戦略的に集めておき、失敗したときの批判をかわそうとする行動傾向を言います。

　このような傾向がある人は、失敗することに対する不安が強く、また、ぶざまに失敗する自分を見たくないので、困難な仕事には理由をつけて、できるだけ先送りしようとします。このような人は、「成長は失敗でしか得られない」ことを教訓に、悪習慣を断ち切らないといけません。

■ 単に楽観的な人と防衛的悲観主義者との相違点

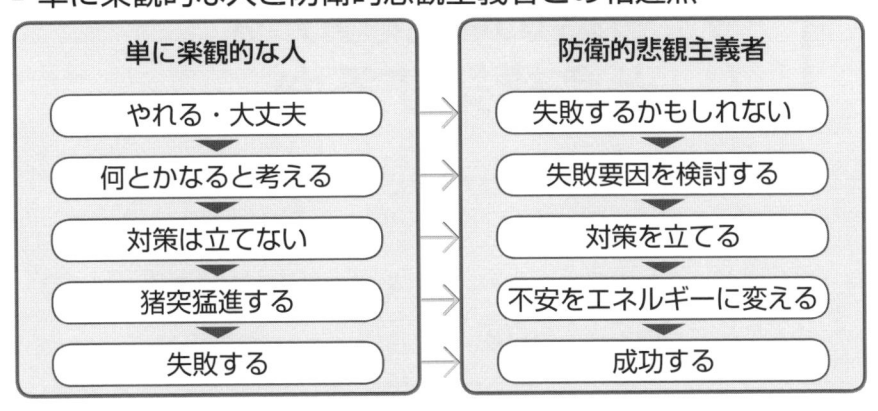

単に楽観的な人	防衛的悲観主義者
やれる・大丈夫	失敗するかもしれない
↓	↓
何とかなると考える	失敗要因を検討する
↓	↓
対策は立てない	対策を立てる
↓	↓
猪突猛進する	不安をエネルギーに変える
↓	↓
失敗する	成功する

② 楽観的に考え、悲観的に行動する

　物事をポジティブに捉える楽観的な人は、心身ともに健康で、前向きに行動し、仕事にも没頭するので高いパフォーマンスを発揮します。ネガティブな人は「どうせ私には無理」と、将来の「できない自分、失敗している自分」をイメージして行動するので、結局、本人の予言どおり失敗します。

　しかし、楽観的だと成功するかというと、そうではありません。「失敗するかもしれない」という悲観的な考え方に基づき、失敗に至るさまざまな要因を想定し、対策を立てて万全の準備を行う「防衛的悲観主義者」は、不安をエネルギーに変えて、最終的には高いパフォーマンスを発揮します。

　楽観的な人は自分を過信し、余裕を持ち過ぎることで、逆に失敗してしまう危険性があります。特に自分よりも能力の低い人や集団を基準に自己を捉えている人は、肯定的な自己概念を形成しやすく、「井の中の蛙」になってしまうリスクが高いでしょう。普段付き合う相手や所属する集団（コミュニティ）によって、優越感や劣等感を抱き、それが相対的な自己概念を形成します。

17 今後のキャリアを どう構築するか

- 管理職としてのキャリアだけでなく、プレイヤーとしてのキャリアも検討する
- プレイヤーとしてのキャリアでは、雇用される能力であるエンプロイアビリティの増大を目指す

① 管理職としてのキャリア

　会社に新入社員として入社し、一般社員から管理職に昇進し、さらに経営層に向けて管理職階層の階段を上っていく、これが一般的なキャリアアップです。社内階層が上がることで仕事の範囲が広がり、裁量度が増えて仕事が面白くなり、給料も増えます。成長がさらなる成長を予感させ、ますます仕事にのめり込んでいきます。しかしながら、このような幸せなキャリアは、そう長くは続きません。企業の管理職ポジションには限りがあり、組織には新陳代謝が必要だからです。

　昇進・昇格の可能性が低くなると、誰しも今後のキャリアを考えるようになります。特に50代そこそこでポストオフ（管理職から外される制度）の対象になった者は、キャリア再構築の検討が必要です。65歳までの雇用確保が法的に義務づけられている（106ページ参照）ため、企業は居場所を提供してはくれるものの、やりがいまでは与えてくれません。

　そこで管理職としてのキャリアではなく、プレイヤーとしてのキャリアも若いうちから考えておく必要があります。

■ 管理職としてのキャリアとプレイヤーとしてのキャリア

管理職	プレイヤー
●昇進・昇格がキャリアアップ	●エンプロイアビリティの増大がキャリアをアップ
●特定企業が仕事場	●労働市場全体が仕事場
●マネジメントスキルが武器	●専門スキルが武器
●出世を追求	●やりがいと高報酬を追求

② プレイヤーとしてのキャリア

　プレイヤーとしてのキャリアとは、特定領域の仕事のプロを目指すキャリアです。プレイヤーですから、マネジメント階層上の出世ではなく、エンプロイアビリティ（雇用される能力）の増大を目指します。労働市場全体を仕事場とし、やりがいと高報酬の両方を追求します。やらされ感ではなく有意味感を得ながら、主体的に仕事に取り組むこととなります。

　仕事のプロとは、「①その仕事で生計を立てている、②専門領域の高い知識とスキルを持っている、③職業に対するプライドと高い職業倫理を持っている」者と定義できます。仕事発注者（上司）の要望を120％満たすことを目指し、自己研鑽に励み、仕事の完成度を高めるのがプロであり、そういうストイックな姿勢が、次のより高度な仕事の獲得につながり、エンプロイアビリティが増大します。

　なお、中途半端にポータブルスキルを身につけて転職を目指すのであれば、今いる会社で企業特殊スキルを身につけたほうが得策です（次ページ参照）。ポータブルスキルは汎用性がありますが、希少性という点では企業特殊スキルのほうが勝ります。高いレベルの企業特殊スキルを身につけた従業員を、企業は安易に手放したりはしません。労働市場で調達することが困難だからです。

18 ポータブルスキルは実践の中で高める

- 企業を超えて通用可能なスキルに注目が集まっている。背景には、雇用不安の増大や転職機会の増加がある
- ポータブルスキルは、実践の中で、アウトプット中心に高めるのが一番効率がよい

1 ポータブルスキルが注目されている

　雇用不安の増大や転職機会の増加を背景に「ポータブルスキル」が注目されています。ポータブルスキルは、一般的には「企業を超えて通用可能なスキル」さらには「業種・職種を超えて通用可能なスキル」といった意味で使われています。典型例として、論理思考などのコンセプチュアルスキル、公的資格、語学やPCスキルなどが挙げられます。

　仕事に関するスキル（技能）は、「企業特殊スキル」と「一般的スキル」に分けて説明されることが多いですが、企業特殊スキルは、特定の企業でしか通用しないスキルで、一般的スキルは他の企業でも通用するスキルのことです。

　企業が教育訓練を行う場合、一般的スキルに関する訓練を行わないことが合理的であるとされています（ゲーリー・ベッカー、人的資本理論）。従業員の教育訓練コストを企業が負担してスキルアップを支援しても、転職されてしまうと回収できないからです。逆に、企業特殊スキルの訓練であれば、従業員の市場価値が高まることにはならないので、企業は安心して訓練を提供できます。

■ 仕事に関する2つのスキル

企業特殊スキル	●特定の企業でしか通用しない（市場性がない） ●労働市場で調達困難なため希少性がある
一般的スキル （ポータブルスキル）	●企業を超えて通用可能なスキル ●労働市場では希少性がないので、高いレベルで身につける必要がある ●実践の中で活用して、初めて身につく

　ポータブルスキルは一般的スキルなので、企業が従業員のスキルアップを支援することはあまり期待できず、自ら高めるしかありません。

② ポータブルスキルを高める方法

　ポータブルスキルに限らず、スキルは自己学習だけでは身につかず、知識も書籍だけでは身につきません。スキルや知識を活用する実践の場が提供され、実践の中でスキルや知識を自分なりに再構築し、ノウハウ化するプロセスが必要となります。このようにスキルは、インプット（勉強）よりもアウトプット（仕事で実際に使う）中心で高めるものです。

　逆説的ですが、ポータブルスキルは企業の中で懸命に働くことでしか身につけることはできないため、企業特殊スキルを軽視し、現在の仕事をおざなりにする者は、結果的にポータブルスキルを身につけられず、企業内でも居場所がなくなります。

　なお、最近は企業外での学びの場（特定テーマに関する関心や問題意識を共有し、相互交流を通じて知識やスキルを高めていく場。実践共同体という）が増えています。そういう場に参加し、刺激とノウハウを得て、それを自分の会社に持ち込み、試してみることでスキルを高める方法もあります。

19 管理職昇格試験攻略法（ヒューマン・アセスメント編）

- アセスメントでは、職場では見えてこない、その人の本当の能力・資質が浮き彫りになる
- アセスメントでは小手先のテクニックは通用しないが、攻略ポイントも存在する

① ヒューマン・アセスメントは管理職昇格の登竜門

　管理職昇格時にヒューマン・アセスメントを行う企業もあります。アセスメントでは、管理職候補に「グループディスカッション」「面接」「インバスケット」といった演習課題に取り組ませて、その課題遂行状況から管理職としての能力・適性を判断します。通常は、専門の外部のアセッサー（評価者）が評価します。

　「面接」は、本人に上司役になってもらい、実際の部下指導場面をシミュレーションするものであり、「インバスケット」は、日常的に発生する案件を処理する演習です。

　アセスメントでは、管理職候補の普段の職場での行動ではなく、その場で与えられた演習課題を処理する行動だけで評価します。職場では見えてこない、その人の本当の能力・資質が浮き彫りになります。

② ヒューマン・アセスメントで点数を上げるコツ

　アセスメントは、管理職にふさわしい高い視点、思考力、コミュニケー

■ ヒューマン・アセスメントの主な演習課題

演習課題	内容	主な観察スキル
グループディスカッション	特定のテーマに基づいて議論し、結論を出す	リーダーシップ ヒューマンスキル
面接	本人が上司役になって部下指導をシミュレーションする	ヒューマンスキル
インバスケット	日常的に発生する案件を限られた時間の中で処理する	コンセプチュアルスキル

ション力などを見るもので、小手先のテクニックは通用しません。しかし、アセッサーも人の子なので、最後まで頑張って課題に取り組む姿勢は高く評価します。具体的には「責任性」「バイタリティ」といった項目で加点をし、面接演習やグループディスカッションなどで、他のメンバーに対する気遣いを示した場合は、「感受性」「協調性」といった項目で評価します。さらに、メンバー間の議論の対立に介入し、これを整理できれば「調整力」の点数が上がります。

インバスケットは思考力を見るため、対策は限られますが、少なくとも重要案件だけは処理しておきたいところです。重要案件とは、顧客からのクレームや従業員の不正、コンプライアンス違反問題、労災事故につながるような案件であり、これを処理していない場合は、重要度と緊急度の2軸思考ができていないと判断され、「理解力」「判断力」「統制力（コントロール）」「倫理観」でマイナス評価されます。

インバスケットでは、「CC（写し）」の使い方が意外と盲点となります。自分が下した指示などを、上司や他部署とどれだけ共有しているかという視点でアセッサーは見ており、「組織活用」「協調性」といった評価項目に影響します。ただし、「CC（写し）」の乱用はよくありません。自分の判断に自信がない、または責任回避していると判断される可能性があるからです。

20 管理職昇格試験攻略法（論文編）

- 論文は、結論に至る論理の一貫性が重視される。常に結論を意識し、横道にそれないように論述する
- 採点者が部外者であることを前提に、専門用語や社内でしか通用しない用語を使うことは避ける

1 論文は内容よりもロジックを重視する

　管理職昇格時に論文試験を課す企業も多いでしょう。例えば、「これまでの経験を振り返り、成果を高める部下指導について具体的に論じなさい」といったテーマで出題がなされます。論文なので内容も重要ですが、採点基準は、「課題把握力」「役割認識」「論理的思考力」「文章表現力」が中心ですので、ロジック（論理、理由づけ）を重視した論文を作成することに注力したいところです。

　例えば、上記のテーマであれば、「これまでの経験を振り返り」が制約条件となっているので、仕事経験を振り返らずに一般的な部下指導について論じても点数は低くなります。また、「具体的に論じなさい」との指示ですので、部下指導策を抽象的に述べても評価されません。

　自分の経験を振り返り、現状の問題と課題を認識・整理し、どれだけ実行可能性のある施策を提示できるかがポイントになります。

■ 論文試験のポイント

> ● 指示に沿った論述
> ● ロジック（論理・理由づけ）
> ● 具体的な指摘・解決策の提示
> ● 分かりやすい記述（用語など）
> ● 丁寧な文字

② 論文試験で点数を上げるコツ

　論文試験は、特定の会場に集められ、時間的なプレッシャーの中で作成することから、論理が一貫せず、因果関係（原因や前提条件と結果・効果との関係）が整理されていない論文となりがちです。論文を書いている途中で、自分が目指しているゴール（結論）が分からなくなるからであり、対策としては、論文を書き出す前に、最終的な結論だけは論文用紙の上の余白に書いておくとよいでしょう。常に結論を意識して、横道にそれないように論文を作成することで、かなり論理の一貫したものに仕上がります。

　論文試験は人事部のスタッフが採点するのではなく、社外の業者にアウトソーシングすることも多いでしょう。採点者が社外の人間であることを念頭に、できるだけ専門用語や社内用語を使うことは避けたいところです。略語を使う場合も、（　）付きで意味を記入しておくと採点者に親切で、良い印象を与えることができます。社内の人事スタッフが採点者である場合も、特定領域の専門用語には疎いので、同様の配慮が必要です。

　なお、乱雑で不鮮明な文字は採点者の印象を悪くするため、文字を丁寧に書くことと、色の濃い鉛筆を使用することも重要なポイントです。採点は評価基準をそろえるために、通常1人で担当して短時間で膨大な数の論文に目を通すので、丁寧には読んでもらえないと思ったほうがよいでしょう。

21 リストラされる人、されない人

- リストラ対象者は、キャリア・実績・能力・経験・人脈・人柄・勤務態度で決まる
- 若くて成績優秀な者、社内に人脈がある者、上司の覚えがよい者は、リストラ対象になりにくい

① リストラは雇用調整だけではない

　業績不振に陥った企業は、その存続をかけて雇用調整を行います。雇用調整とは、残業規制に始まって、新規採用停止、パート・契約社員などの有期契約労働者の雇止め、配置転換、希望退職の募集や退職勧奨を経て、最終的に多数の従業員を一度に削減する整理解雇までの一連の人件費削減策のことをいいます。

　リストラというと、これまでは、業績不振に陥った企業が最終手段として行う希望退職の募集や退職勧奨、整理解雇がイメージされてきましたが、最近は、選択と集中による事業再編や利益体質の強化を目的に行われる、前向きで戦略的なものに変わってきています。

　しかし、リストラの中身はそれほど変わってはいません。表面上は"特別転進制度"といった名称で広く退職者を募集し、従業員の自由意思で退職を受け付けますが、実際は、退職させる従業員をあらかじめ選定し、割増退職金などの条件を提示しながら退職に誘導します。リストラ対象者に選ばれても、リストラを拒否することは可能ですが、リストラに応じなかったことは人事記録に残りますし、その後の処遇も期待はできないでしょう。

■ リストラされる人とされない人の相違点

リストラされる人	リストラされない人
●今後の成長が期待できない人	●今後も会社に利益をもたらせる人
●上層部に社内人脈がない人	●上層部に社内人脈がある人
●業績不振部門の管理職	●花形部門の管理職
●賃金が高い中高年	●成績優秀な若年者

② リストラされる人とされない人の違い

　基本的には、これまでのキャリア・実績・能力・経験・人脈・人柄・勤務態度で決まります。与えられた仕事を一生懸命こなし、これまで会社に利益をもたらしてきた人で、今後も会社に必要とされる人は残ります。ただし、閉鎖部門の従業員、業績不振部門の管理職や給料が高い中高年、上司が使いづらいと思っている部下、社内人脈を持たない一匹狼は、実力があってもリストラの対象となる可能性が高いでしょう。

　一般的には、人事評価が低い者、過去にコンプライアンス違反などの不祥事を起こした者、懲戒処分経験者がピックアップされます。人件費負担を考慮して対象者が選定されることもあるでしょう。例えば、遠距離通勤者、家族手当や住宅手当の支給者などは人件費が割高になります。休職者もコスト高となるので、過去に私傷病休職期間がある者はリストラの対象となることもあります。

　リストラの対象となりにくいのは、若くて成績優秀な者、社内に人脈がある者、上司の覚えがよい者です。

　リストラ危険度については、240ページ「リストラアラーム・チェックシート」で確認してみてください。

22 生き残る管理職は人脈で決まる

- リストラだけでなく、昇進や配転でも社内人脈からの"引き"が大きな影響を持つ
- 人脈は財産なので、普段から相手に役立つ情報を提供するなど、関係性の維持・強化を図りたい

1 優秀な管理職は人脈を活用する

　リストラに遭遇した場合でも、社内の上層部に人脈がある者は、それなりのポジションを得て、会社にとどまることができます。昇進や配転も社内人脈からの"引き"が影響します。社外に人脈がある者は、社内にしかない者に比べ、業界情報や入手が困難な情報を得ることができます。優秀な管理職は、必ず社内外に有益な情報源を持っており、そこからの情報を使って自分の仕事の完成度を高め、結果として企業に利益をもたらします。

　社内人脈は、仕事を通じて広げることができます。自分の仕事における前後工程の部署の人だけでなく、本社部門や他事業所の人とも積極的にコンタクトを取り、ネットワークを広げていくのであって、自分に与えられた狭い領域の仕事だけで完結させていても、人脈は広がりません。

　社外人脈は過去に名刺交換をした人ではありません。情報入手や再就職、営業などに現実に活用できる"自分の財産"ともいえるものであり、当然、普段からメンテナンスをしておかないといけません。メンテナンスとは関係性の維持・強化のことで、年賀状やメールだけでなく、直接会うなどして相手の役に立つ情報提供などをこまめに行うことが重要となります。

■ 社内人脈の広げ方

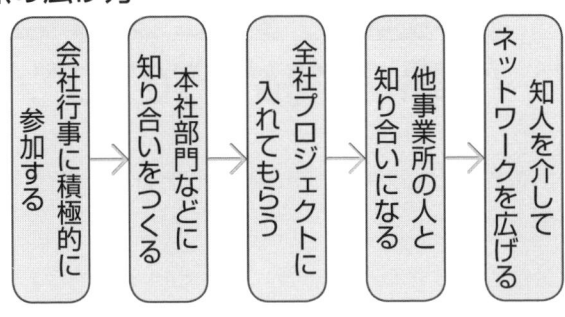

会社行事に積極的に参加する → 本社部門などに知り合いをつくる → 全社プロジェクトに入れてもらう → 他事業所の人と知り合いになる → 知人を介してネットワークを広げる

② 人脈の広げ方・増やし方

　どんな人でも社会に関わりを持って生きている限り、多少とも人脈を持っています。学生時代の友人、前職の同僚、子どもの学校のPTA関係、町内会の役員など、探せば結構あるでしょう。人脈は自分の年齢を基準に、上15歳から下10歳くらいが中心年齢となり、自分の年齢が高まると、年上の人脈が定年退職や引退等によってなくなることから、当然、人脈も縮小します。

　そこで常に、人脈を広げる活動が必要となります。人脈づくりは、既存の人脈を通じて、そこから新たに形成する方法が効率的でしょう。知人に新たな友人を紹介してもらい、さらにそこから別の人を紹介してもらうと、雪だるま式に人脈が増えていきます。具体的には、自分が必要とする人脈を多く持っている知人にアプローチする、社会人の勉強会や関連分野のセミナーに参加して、積極的に新たな人脈を獲得するといった方法です。

　できれば、自分で特定領域のコミュニティを立ち上げるとよいでしょう。自分が人脈ネットワークの中心（ハブという）となることで、黙っていても人が人を連れてきてくれるようになります。

23 管理職が身につけるべき仕事の進め方のコツ

- 管理職は、管理職としての仕事に集中できるように仕事を峻別(しゅんべつ)し、部下を活用して成果を出すようにしたい
- 部下への業務依頼は完成イメージ(ゴール・イメージ)を明確にして、期限付きで行う。着手日を確認することも重要である

① 管理職がやるべき仕事／部下がやるべき仕事

部下の仕事を管理することが、管理職の第一の仕事です。

まず、担当部署の業務内容をすべて書き出し、優先順位をつけることから始めます。書き出すことで業務が「見える化」され、全体像が把握できるようになります。緊急度(至急対処しなければならないもの)で業務を整理し、さらに重要度(成果・業績に与える効果が高いもの)でランクをつけることで、現時点で重点管理すべき業務を押さえます。このような重点思考は管理職の必須スキルですが、毎日やっているうちに習慣化されます。

次に、管理職がやるべき仕事と部下がやるべき仕事に業務を峻別します。日常業務の中で、部下が自分で行うべき仕事まで上司に持ってきたら、理由を示して差し戻す厳しさを管理職は持たないといけません。もちろん、相談には応じる姿勢は残すことが必要です。

② 業務の依頼は期限付きで行う

成果の出ない部署の管理職は、基本的にその場対応、放任主義のケース

■ 業務の優先順位づけ

	緊急度（高い）	緊急度（低い）
重要度 （高い）	最優先で取り組む	リスト化し 実行計画に落とし込む
重要度 （低い）	部下に任せる	後回し 先送り

が多いです。部下に仕事を配分する場合は、開始予定と終了予定を必ず確認します。期限を示して依頼する管理職は多いですが、着手日を押さえないと、結局ズルズルと業務が遅れてしまいます。

　また、管理職は時間見積もりができないと困ります。ルーティンワークであれば、過去の平均的作業時間が頭に入っているはずです。未経験のプロジェクトワークでも、全体のプロジェクトワークをタスク（ひとまとまりの仕事）レベルにブレークダウンすれば、おおまかな時間は見積もれます。当然のことですが、依頼した業務の進捗管理は必ず行います。

③ 問題発見・課題設定が管理職の本当の仕事

　管理職の仕事は、発生した問題に対処するだけではありません。これから発生するであろう問題を事前に発見し、課題として取り組むところに本来の仕事があります。発生した問題に振り回されている管理職は、本来の管理職の仕事をしていないといえます。

　問題とは、あるべき姿・目指すべき姿と現状とのギャップをいいますが、管理職自身の視点が高くないと発見できません。組織全体を俯瞰して、一段高い視座から組織のあるべき姿を見つめることが必要となります。課題設定とは、問題解決の方針を決定することです。

管理職の
問題解決スキル

24 問題解決に向けたステップ

- 問題解決のステップは、大きく五つに分けられる
- 重要なのは解決策を実行した結果の評価で、ここで仮説を検証する

① 問題を設定し、情報を収集する

　問題解決には、いくつかのステップがあります。一つ目は、問題そのものを認識するステップです。問題は、あるべき姿と現状とのギャップで捉えられます。あるべき姿とは、不具合が発生しないという「状態」であったり、品質目標や営業目標などの「目標（ゴール）」であったりさまざまです。

　二つ目は、問題の原因を調査するステップです。ここでは問題の原因に関係する事実情報を収集します。事実情報には、既知情報と不足情報があります。手元にある情報だけでは問題の全体像がつかめませんので、組織内外のネットワークを使って情報を集め、整理します。問題によっては、原因がない場合があります。例えば、新商品の開発が目標である場合は、そのための「課題」に関する情報を集めます。

② 原因を分析し、解決策に落とし込む

　三つ目は、問題の原因（課題）を分析するステップです。問題を発生させた原因や背景に何があるのかを考え、「なぜ、なぜ」を繰り返しながら本質的な原因に迫っていきます。これは、「なぜ・なぜ分析」と呼ばれ、原因が見つかってもそこで満足せず、さらにその原因を分解して真の原因を

■ 問題解決の5ステップ

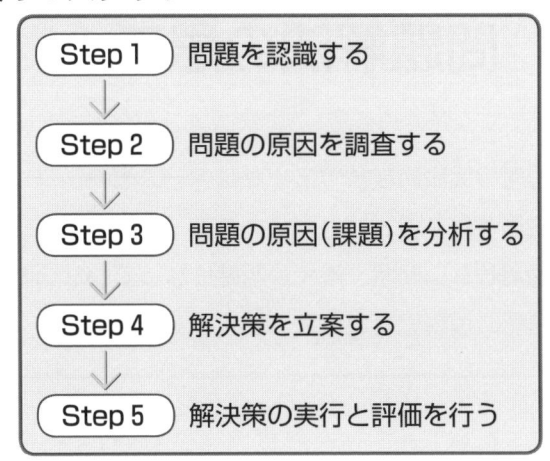

Step 1	問題を認識する
Step 2	問題の原因を調査する
Step 3	問題の原因（課題）を分析する
Step 4	解決策を立案する
Step 5	解決策の実行と評価を行う

追及します。いわゆる、「『なぜ、なぜ』を5回繰り返せ」というものです。

課題を分析する場合も同じで、「そのためには」と5回繰り返すことで、本質的な課題を探る必要があります。

分析のステップでは、原因（課題）の垂直方向への掘り下げが必要ですが、掘り下げだけでは、ヌケ・モレ・ダブリが生じる危険性があります。例えば、売り上げ未達の原因を客数と客単価の二つの原因に分解しただけでは、営業日数という原因の影響が分析できません。そこで、他に見落としている原因（課題）がないかどうかを、水平方向の視点で見直します。

四つ目は、解決策を立案するステップです。ここでは仮説を設定し、解決策を講じることになります。多くの仮説を立てるほど、問題解決の確率を高めることができます。仮説設定と解決策の立案には創造力が必要となりますので、多様なメンバーでディスカッションしてアイデアを出し合うとよいでしょう。

五つ目は、解決策の実行と評価のステップです。解決策の実行で問題が解決できればよいですが、そうでない場合は、仮説を修正する必要が出てきます。このステップでは結果を評価し、仮説を検証します。

25 問題解決の思考

- 問題解決思考の代表的なものに、ゼロベース思考、フレームワーク思考、仮説思考がある
- 経験則が通用しない問題、答えが明確になっていない問題には、ゼロベース思考、仮説思考が有効

① ゼロベースで考える

　問題解決を行う最も効率の良い方法は、過去の経験・知識に当てはめて判断していく方法です。ベテラン社員の仕事が速く的確なのは、仕事のポイントを経験的に把握しているからにほかなりません。さらに、自分の中にフレーム（判断枠組み）ができていれば、問題の全体像をフレームに当てはめ、個々の要素に分解・整理することで、ヌケ・モレ・ダブリのない、効率的で完成度の高い仕事ができます（フレームワーク思考）。

　これに対して、これまでの考え方の枠組みをいったんリセットし、原点（ゼロ）に立ち戻って問題を考察するゼロベース思考は、社会環境などの前提条件が変化し、経験則が当てはまらない場合に威力を発揮します。

　ゼロベース思考では社内の常識を疑い、すべてを再定義することからスタートします。顧客ニーズ、品質目標から事業領域（ドメイン）まで、顧客視点で再検証します。

　問題解決は、「あるべき姿」と「現状」との差を「ギャップ」と捉え、このギャップを生じさせている原因を分析し、解決策を検討するギャップアプローチが一般的ですが、ゼロベース思考では、この「あるべき姿」に

■ フレームワーク思考のイメージ

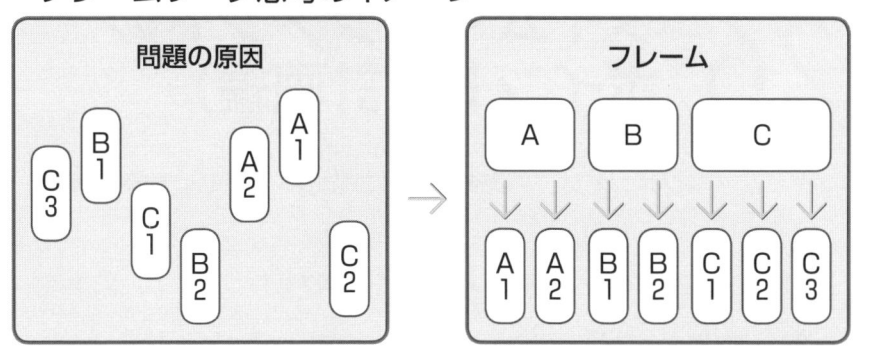

問題の原因: C3, B1, C1, B2, A2, A1, C2 → フレーム: A, B, C → A1, A2, B1, B2, C1, C2, C3

ついてもゼロベースで検討します。そもそも「あるべき」と考えているのは、会社の経営幹部であり、顧客ではありません。顧客視点から考えた場合は、「あるべき姿」ではなく「ありたい姿」となるはずです。

② 仮説思考で考える

　仮説思考とは、こうであろうという仮説を持って実行策に取り組み、結果を評価することで、仮説の妥当性を検証し、元の仮説を修正する思考方法のことです。仮説に基づいて絞り込んだ対策を実行することで、効率が上がります。また、仮説の検証・修正を繰り返すことで、より効果の高い対策に焦点化できます。

　仮説思考は、仮説を立てるところからスタートします。そして、その仮説はアクション（実行策）につながるものでなければなりません。例えば、「画期的な商品開発には、消費者アンケートよりもヘビーユーザーとのコラボレーションが有効である」といったものが仮説です。仮説を立てる際に重要なことは、自分は何を知りたいと思っているかを明らかにすることであり、これをリサーチ・クエスチョンといいます。上記の例では、「画期的な商品開発に影響を与える要素は何か」となります。

26 タイムマネジメントのポイント（計画編）

- タイムマネジメントは、戦略的に重要な課題を実行し、成果を実現するために行うもの
- 計画と実績を比較し、時間に対する意識づけを行うことで、効率的な時間の使い方が身につく

① 時間を管理するのではなく、仕事を管理する

　タイムマネジメントというと、時間や期限を設定して進捗（しんちょく）を管理する、緊急発生した業務（会議、訪問、クレーム処理など）の時間調整を行うというイメージが強いですが、それはスケジュール管理、アポイントメント管理といって、タイムマネジメント機能の一部でしかありません。タイムマネジメントの本質は仕事管理にあり、年次目標の達成、資格取得など、限られた時間を使って狙った成果を実現することが目的となります。

　タイムマネジメントの主な対象は、戦略的に重要な課題です。有限資源である時間をいかに計画的に重要課題に振り向けるかがポイントとなります。

② 課題とタスクを特定する

　まず、戦略的に重要な課題を設定します。次に、課題の達成に必要な項目出しを行い、それぞれの項目ごとに仕事（タスク）を洗い出します。項目とタスクを紙に書き出すことで、ヌケ（重要項目の欠落）やモレ（タスクの欠落）を防止し、課題達成の全体像を可視化できます。

■ タスクの洗い出しのイメージ

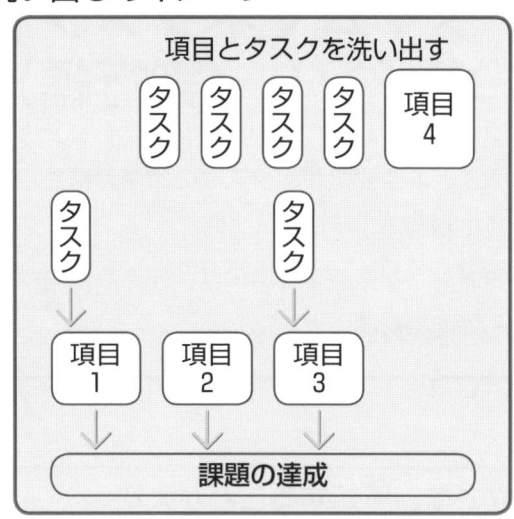

```
項目とタスクを洗い出す
[タスク][タスク][タスク][タスク] [項目4]
  ↓                    ↓
[タスク]              [タスク]
  ↓                    ↓
[項目1]  [項目2]  [項目3]
   ↓       ↓       ↓
     課題の達成
```

　最短最速で課題を達成するためには、ここで不要なタスクを排除しておくことも必要です。「あれもこれも」ではなく、「あれかこれか」の発想で、より効果的なタスクに絞り込みましょう。

　続いて、課題の達成期限を設定します。達成期限を定めないと、ズルズルと先延ばしになります。洗い出したタスクは、達成期限までの期間内の各月・各週・各日に作業時間として割り振ります。この場合、具体的にタスクを処理する時間帯まで設定する必要はありません。

　また、各日にタスクを割り振る際には、すべての日にタスクを入れるのではなく、予備日を設けるなど、ある程度余裕を持って割り振っておき、作業が遅れた場合でもリカバリーできるようにしておきます。

　なお、後日、各日に会議やアポイントメントの予定を入れる場合は、上記の重要なタスクを処理する作業時間を勘案して調整します。

　具体的にタスクを処理する時間帯を決める場合は、タスクを処理する週の前の週末とし、次の週の予定を確認しながら、重要なタスクを処理する時間帯を決めます。

27 タイムマネジメントの
ポイント（実行編）

- 計画を立てることは重要だが、タスクの時間見積もりの精度が低いと、計画倒れに終わる
- タイムマネジメントが機能しないのは、先送り傾向があるなど、本人の気質や心理面の影響も大きい

① 計画を立てて、実行することが大切

　タイムマネジメントの根幹は、計画です。「計画なくして実行なし、実行なくして成果なし」を肝に銘じましょう。タスクとして計画に入れ、1日のスケジュールの中に取り組む時間帯を設定しない限り、そのタスクは実行されません。特に緊急度が低いタスクは、重要なタスクであっても先送りされてしまいます。

　重要なタスクも含めて、当面実行すべきすべてのタスクを洗い出し、リスト化します。このとき、大きなタスクは小さく分解して、実行可能なレベルに落とし込んでおきます。このリストの中から、その日に処理すべきタスクを選び、1日のスケジュールの中に取り組む時間帯を目に見える形で落とし込みます。

　スケジュール化したとしても、計画どおりに進むとは限りません。それは突発的な仕事が割り込んでくるからという理由もありますが、多くは、タスクの時間見積もりの精度が高くないことが原因です。

　一般に、タスクの時間は楽観的に見積もられます。そこで実際のタスクの処理にかかった時間を記録し、当初の予想時間と照らし合わせて、時間

■ タイムマネジメントが機能しづらい人

- 完璧主義者
- 職人気質
- 先送り傾向のある人
- 納期直前にやる気になる人
- 精神論で乗り切ろうとする人
- 間違いを自己正当化する人

見積もりの精度を上げるとよいでしょう。休憩も含めてすべての活動と時間を記録することで、無駄な作業やダラダラと時間を消費している実態が把握でき、次に活かすことができます。

② タイムマネジメントが機能しない本当の理由

　仕事の納期に間に合わないのは、気質や心理面の影響も少なくありません。完璧主義で、納得いかない仕事はできないという職人気質の人、新しい仕事に着手することを回避し、先送りする傾向の人、納期ギリギリにならないと集中力が高まらない人、「やればできる」と精神論で乗り切ろうとする人などは、タイムマネジメントが有効に機能しません。

　プレッシャーに弱い人は、困難な仕事に着手せず、緊急度の低い別の作業をすることで現実から逃避します。例えば、時間がないのにファイルの整理や机周りの整頓、清掃などを急にやり出す人です。時間がないのに頻繁にメールをチェックしている人など、特定の行動が習慣化されている人も同様です。必要以上に休憩をとるなど、明らかに時間を無駄に使っていて、それを自分で正当化している人もタイムマネジメントは上達しません。自分の不合理な感情に気づき、コントロールすることが必要です。

28 管理職が行う業務改善活動

- 業務改善活動を行うことで、仕事のインプット・アウトプット・プロセスが明確になり、マネジメントがしやすくなる
- 業務改善活動のプロセスを、メンバー全員で共有することで、やらされ感を払拭（ふっしょく）できる

① 業務改善でプロセスを見える化する

　業務改善とは、個人間または組織間で仕事のプロセスを見直し、主にQ（Quality：品質）、C（Cost：費用）、D（Delivery：納期）の視点で改善を行うことです。業務には必ず前工程と後工程があります。前工程のアウトプットが、後工程を担う自分の担当のインプットとなります。そうすると、業務とは、インプットをアウトプットに変換するプロセスと定義することができます。

　業務改善は、現状の一連の業務を、プロセスとして「見える化」することから始めます。現在の業務のプロセスは、これまで何らかの形で機能してきたものであり、それなりの意味があります。まず、現状を"見える化"することで、現状の良いところ・改善すべきところを明らかにします。

　業務改善を行うことによって、仕事に対する姿勢も改善されます。まず、必要のない作業がなくなります。インプットとアウトプットが明確に定義されることで、自分勝手な判断で処理したり、なれ合いで仕事をする余地がなくなり、組織間・個人間での行き違いやトラブルが減少します。一方、プロセスを定義することで、仕事に対する説明責任が発生し、甘え

■ プロセスを見える化する

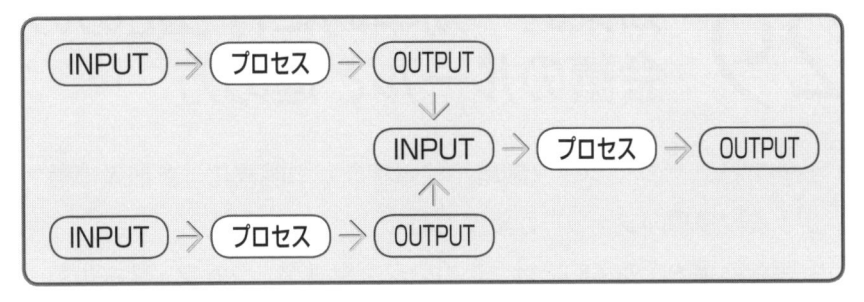

```
INPUT → プロセス → OUTPUT
                    ↓
              INPUT → プロセス → OUTPUT
                    ↑
INPUT → プロセス → OUTPUT
```

が許されなくなります。誰もやらない宙に浮いた仕事もなくなります。

　管理職としても、自組織の機能やミッションが明確になることで、マネジメントがしやすくなるでしょう。

② 業務改善活動のポイント

　業務改善活動では、活動目的（何のために、どんな成果を出すのか）、活動方針（達成手法、達成基準）、制約条件（期限、予算、資源）を示し、関係するメンバー全員で改善活動のプロセスを共有することが大切です。プロセスを見える化し、前後の工程のメンバーが意見を言いやすくすると、メンバー間の交流が生まれ、それが改善活動に良い影響を与えます。

　業務改善活動を改善担当部署主導で行うと、改善活動に傾注できるというメリットがある反面、それぞれの現場のメンバーは、やらされ感を抱きがちになり、いつの間にか反抗勢力に切り替わる危険性が大きくなります。それは、メンバーの主体的に取り組もうという意識が弱まり、やらせる側・やらされる側という関係になりやすいからです。いずれにしても、現場のための改善活動ですので、現場の巻き込みが不可欠となります。

29 効果的・効率的に行うための会議のルールと進め方

- 会議では、アジェンダ（議題、検討課題）の明確化、参加者の選定、決定事項のフォローが重要である
- 会議を効果的・効率的に行うためのファシリテーション・スキルも身につける

1 効果的な会議のためのルール

　会議のルールというと、「メンバーが対等の立場で発言する」「発言を批判しない」「議論と人を切り離して議論に集中する」といった、会議に参加する者の「心掛け」が強調されますが、もっと基本的なことができていない場合が多いです。

　まず、アジェンダ（議題、検討課題）の明確化です。例えば、「新商品発売の件」というのはアジェンダとしては不適格です。アジェンダとは、もともと行動計画を意味するもので、行動レベルで記述しないと結論が曖昧になり実行策となりません。「新商品を代理店チャネルで販売するための課題抽出と対応策の検討」というアジェンダであれば、何を議論し、どういう結論を出さなければならないかが明確になります。

　次に、参加者の選定です。無駄な会議が多いといわれますが、実は無駄な参加者が多いのです。会議の目的に照らして、最低限参加が必要なメンバーを選びます。最初から保険を掛けて、多くの参加者を選ぶ会社もありますが、会議への出席者は増えても、本当の意味での参加者は増えません。逆に、人数が多いと必ず手を抜く者が現れます（これを社会的手抜き

■ 効果的な会議のための基本ルール

> ● アジェンダ（議題、検討課題）の明確化
> ● 必要最小限の参加者の選定
> ● 開始時刻と終了時刻の明確化
> ● 議事録を作成し、決定事項の実行をフォローする

現象といいます）。

　開始時刻と終了時刻の明確化も重要です。遅刻する者がいても会議は定刻に始めます。部長が遅刻しても同じ扱いとします。終了時刻も厳守しないと緊張感がなくなり、ダラダラ会議となってしまいます。

　議事録を作成し、会議の事務局が決定事項の実行をフォローします。フォローしないと実行されません。会議で実行策が決まっただけで、皆安心するからです。出席者の発言内容を漫然と書き並べている議事録が多いですが、決定事項（実行策と実行者、期限）だけで十分です。よく議事録に自分の発言を入れてくれと言ってくる者がいますが、それは問題が発生したときに、「私は懸念を示していた」と責任回避するための常套手段です。

② ファシリテーションのスキル

　会議を効果的・効率的に行うための、ファシリテーション・スキルがあります。会議を促進する話法や問題を見える化・構造化するための数々のツールが開発されているので、それらを利用すると会議の質は飛躍的に高まります。

　例えば、判断基準を2軸のチャートで表現して、出されたアイデアをチャート上にプロットして評価する「ペイオフマトリックス」や、ブレーンストーミングなどで出された雑多なアイデアを有効なアイデアに収束する「KJ法」は、その代表例です。

管理職必須の
労務管理の知識

30 採用面接での留意点

- 面接では候補者に対し礼儀正しく接し、たとえ不採用となっても、悪印象を持たれないように配慮する
- 候補者の能力や人柄が明らかになるような質問を事前に用意し、採用基準と照らし合わせながら評価する

① 面談する管理職の印象が入社を左右する

　採用面接は、お見合いと同じです。相互に労働契約の相手としてふさわしいかどうかを見極めるために面接をします。面接官となる管理職は、会社を代表して候補者と面接していることを忘れてはなりません。上から目線の発言や、横柄な態度は悪印象を与えるだけでなく、口コミやネットを通じて広く伝播し、会社のイメージダウンにつながります。

　具体的には、おもてなしの心を持って候補者を迎え入れます。会社の入り口、受付、オフィスの中など応募者に見える場所は整理整頓してきれいにしておきましょう。面接官は髪型、服装のほか、タバコや香水の匂い、口臭・体臭もチェックが必要です。面接している間は、候補者の話に耳を傾け、うなずきを入れながら傾聴している姿勢を示します。相手が話している最中に発言を遮って質問したり、別の話題を持ち出すことは厳禁です。

② 候補者の能力・人柄が明らかになる質問をする

　候補者の能力評価・人物評価とは直接関係のない質問や、本籍地（出身

■ 採用面接時のチェック事項

- ☐ 面接会場等の整理整頓
- ☐ 清潔感のある服装・頭髪
- ☐ 口臭・体臭・香水
- ☐ 採用基準の理解
- ☐ 質問事項の準備
- ☐ 不適切な質問の排除

地)・思想信条などを聞くことは厳禁です。厚生労働省のガイドライン「公正な採用選考について」を参考に、採用面接での質問内容をあらかじめチェックしておきましょう。

　本人の病歴については、合理的な理由があれば聞くことは許されると考えられます。例えば、トラック運転手を採用する際、てんかんの既往歴を聞く場合などです。精神疾患等の既往歴は企業として関心があるところですが、現時点での就労能力評価には影響がないので、聞くことは不適切でしょう。現時点での通院状況や体調に関する質問にとどめておくのが無難です。

　面接の目的は、自社の採用基準（能力・人柄）に合った人材を採用することですので、採用基準に合っているか否かが明確に分かる質問を用意します。「チャレンジ精神」が採用基準の一つであれば、過去にチャレンジ精神を発揮した場面と行動、その結果などを聞いて、自社でもその能力が発揮可能かどうかを判断します。

　採用面接では、「どういう仕事をしてきましたか？」と、一般的な質問をするのではなく、履歴書や職務経歴書を参考に、「○○のプロジェクトの際は、チームの中でどういった役割を担いましたか？」などとピンポイントで質問しましょう。面接は複数回実施して、多角的に候補者の隠れた人物像を明らかにしていきます。

31 部下を辞めさせる際の留意点

- 部下を辞めさせる場合、解雇ではなく、退職勧奨を行い、部下自らの意思で退職を決断してもらう「合意退職」が選択されるケースが多い
- 常識を超えた執拗（しつよう）な退職勧奨は違法となるので、退職が部下のベターな選択であることを冷静に説得し、部下の理解を得るようにする

1 退職の種類

　退職とは、社員と使用者との労働契約が終了することです。退職には、本人からの一方的かつ自発的な申し出による「任意退職」、定年や契約期間満了、休職期間満了による「自然退職」だけでなく、使用者からの一方的な労働契約の解約である「解雇」、会社からの働き掛け等に基づき社員本人が労働契約の解約に合意して退職する「合意退職」（合意解約）があります。

　さらに解雇は、通常、普通解雇（病気等による労務不能や勤務成績・勤務態度不良による解雇）、懲戒解雇（懲戒処分としての解雇）、整理解雇（倒産回避などの経営上の必要性に基づく解雇）に分かれます。

　解雇は、客観的に合理的な理由と社会通念上の相当性が認められない場合は無効となります（解雇権濫用法理）。さらに整理解雇は、①人員削減の必要性、②解雇回避努力、③解雇対象者選定の合理性、④労働組合等への説明・協議などの手続きの相当性——といった整理解雇の4要件（4要素）を満たす必要があります。

■ 退職の整理

退職事由		内容
●解雇	→	●使用者からの一方的解約
●任意退職	→	●従業員からの一方的解約
●合意退職	→	●労使双方の合意による解約
●自然退職	→	●定年、契約期間満了、休職期間満了など

② 退職勧奨の留意点

　管理職が、会社の意を受けて部下を辞めさせる場合は、解雇か合意退職のいずれかになります。その場合、ハードルが高い解雇ではなく、合意退職が選択されるのが一般的です。合意退職では、管理職は部下に退職するよう働き掛け（退職勧奨）を行いますが、退職勧奨に応じるか否かは部下の自由であり、退職勧奨自体に法的な効果はありません。本人が退職に合意して初めて法的効果が発生します。

　退職勧奨自体は違法な行為ではなく、本人の自由な意思が確保されている限り何ら制限はありません。しかし、執拗に勧奨行為を繰り返すなど半強制的な勧奨は、不法行為となり、使用者の責任をめぐる訴訟で敗訴すれば損害賠償を求められることもあります。

　また、退職勧奨が常識を超えた執拗な態様で行われ、部下がおそれ、本人の意に反する退職が強要された場合などは脅迫となることから、たとえ本人がその場で退職に合意したとしても、後で取り消しを主張され、争いとなる場合が考えられます。

　退職することは、部下本人のキャリアを考えた場合に、ベターな選択肢であることを、冷静に説得力を持って説くことがポイントです。

32 ハラスメントの基礎知識

- ハラスメントとは、相手の意に反する行為により、相手に不快な感情を抱かせることで、いわゆる「嫌がらせ」のことをいう
- 最近、ハラスメントの種類が増えているのは、人権やハラスメントに対する意識が強くなっているためでもある

① ハラスメントは嫌がらせ

　セクハラ（セクシュアルハラスメント）、パワハラ（パワーハラスメント）、モラハラ（モラルハラスメント：精神的な嫌がらせ）が代表的なハラスメントです。最近は、不快な感情を持つ場面が多様化しており、ハラスメントの種類が増えています。スメハラ（スメルハラスメント：口臭や体臭、香水の匂いで不快にさせること）、マタハラ（マタニティハラスメント：妊娠・出産を契機に女性が職場で受ける嫌がらせのこと、解雇・雇止めなど）、パタハラ（パタニティハラスメント：育児休業の取得など男性の育児参加を上司などが批判・妨害すること）、アルハラ（アルコールハラスメント：宴席での酒類の強要）などが、その例です。

　ネット上の会員制交流サイト（SNS：ソーシャル・ネットワーキング・サービス）の利用が一般的になってきた最近では、本来は、身近な友人たちとの交流の場であるSNSに、職場の上司が「友達申請」を強要し、私的な交友関係に介入することでトラブルに発展するケースも増えています。こういったSNS上のハラスメントは、一般にソーハラ（ソーシャルハラスメント）と呼ばれます。

■ ハラスメントの整理

> セクシュアルハラスメント → 性的な嫌がらせ
> モラルハラスメント → 精神的な嫌がらせ
> ● パワーハラスメント　　● マタニティハラスメント
> ● スメルハラスメント　　● パタニティハラスメント
> ● ソーシャルハラスメント　● アルコールハラスメント

② ハラスメントの背景

　市場環境の変化に伴う社会的な格差の広がり、人と人との信頼関係や「きずなの喪失」など、現代社会は孤独でストレスフルな状況に陥っているといわれています。そういった中、いろいろな場面で多様なハラスメント行為が発生しています。職場だけでなく学校でのいじめもハラスメントであり、夫婦間の葛藤や暴力（ドメスティック・バイオレンス）、インターネット上の匿名による誹謗中傷など、広い意味でのハラスメントは、もはや多くの人に経験があるのではないでしょうか。

　ハラスメントの背景には、相手の存在を軽んじる自己中心的な価値観や、歪んだ優越意識があります。パワハラは、社会的地位を背景に行われ、セクハラは、固定的な性別役割意識がベースにあるといわれます。管理職は自らの行動を振り返り、ハラスメント行動をしていないか再確認しましょう。

※246ページに「セクハラ、パワハラ、職場いじめチェックシート」を掲載しているので、併せてご覧ください。

33 職場のルールと服務規律

- 多様な従業員を管理し、職場の秩序を維持するためには一定のルール（服務規律）が必要
- 服務規律は労働契約上、従業員が負う義務（債務）と考えられている

1 仕事をする上で守るべき職場のルール

　一般に職場のルールは服務規律と呼ばれ、従業員が仕事をする上で守るべき「労務に服する際の規律」を意味します。

　しかし、服務規律の対象範囲は業務だけにとどまりません。社外での私的行為についても服務規律が及ぶこともあります。一般に、暴行などの刑法犯罪や飲酒運転、痴漢、ストーカー行為など企業の信用を失墜させるような行為（私生活上の非行）については、服務規律違反として何らかの懲戒処分がなされるのが通例です。なお、服務規律の対象としていない行為を、後から懲戒処分の対象とすることはできません。また、職場外の、業務とはまったく無関係な私的な行為にまでは及びません。

2 三つに分けることができる服務規律

　服務規律は、次の三つに分類されます（菅野和夫『労働法（第10版）』479ページ以下参照）。

①労務提供の仕方および職場の在り方に関する規律（狭義の服務規律）
　実際に会社で働く上でのルールで、入退場の手続き（タイムカードへの

■ 服務規律の対象範囲

```
┌─────────────────────────────┐
│          服務規律             │
└─────────────────────────────┘
              ↓
┌─────────────────────────────┐
│  企業秩序を維持するためのルール  │
│ ●労務提供の仕方および職場の在り方に関する規律 │
│ ●企業財産の管理・保全のための規律 │
│ ●従業員としての地位・身分による規律 │
└─────────────────────────────┘
         ↓            ↓
┌──────────────┐  ┌──────────────┐
│   仕事領域    │  │   私的領域    │
│ ●労働義務     │  │ ●刑法犯罪など  │
│ ●競業避止義務  │  │ ●企業の信用を失墜させる │
│ ●秘密保持義務  │  │  ような私生活上の非行 │
│ ●企業秩序遵守義務│  │              │
└──────────────┘  └──────────────┘
```

打刻等)から遅刻・早退・欠勤・休暇の手続き、業務中の離席・外出、服装、仕事姿勢まで、労務提供という労働契約の本質的な部分についての規定です。職務専念義務や上司の指示・命令への服従義務、職場秩序の保持、職務上の金品授受の禁止、安全衛生の維持(分煙、安全衛生上の規制など)、風紀維持(暴力・賭博の禁止など)、職場の整理整頓も服務規律です。

②企業財産の管理・保全のための規律

　　会社財産である事務用品などの消耗品の節約、会社備品の持ち出し・流用の禁止のほか、会社施設を使っての会合や宣伝活動、政治・宗教活動なども服務規律で制限されます。

③従業員としての地位・身分による規律

　　企業の名誉・信用を毀損してはならないといった信用の保持から、兼業・兼職の制限、公職への立候補や公職就任時の取り扱い、秘密保持、身上異動の届け出なども服務規律で縛られています。

34 懲戒には、いくつかの段階がある

- 懲戒の種類には法令上の制限はなく、会社で任意に定めてよい
- 懲戒には、懲戒対象となる事案の程度に応じて戒告、譴責（けんせき）、減給、出勤停止、降格・降職、諭旨解雇、懲戒解雇がある

① 労働契約の継続を前提とした懲戒処分

　「譴責」とは、通常、始末書を提出させて将来を戒めることをいい、「戒告」は将来を戒めるのみで始末書の提出までは求めていません。実務上は戒告とはせず、「注意・指導」で済ますケースが多いです。ただし、懲戒処分としての譴責・戒告は人事記録として残るので、その後の昇給や昇進・昇格で不利となるのは言うまでもありません。なお、始末書の提出は内心の自由との関係で強制できないとする見解が一般的です。

　「減給」とは、本来ならば受けられるべき賃金の一部を差し引くことです。

　「出勤停止」は、従業員の就労を一定期間禁止し、その間の賃金を支払わないことで経済的な不利益を与える措置です。通常は1～2週間程度であり、数カ月にわたる場合は、公序良俗に反すること等により無効となる可能性が高くなります。なお、従業員の懲戒処分を決定するまでの間、暫定的に就労を禁じる「自宅待機」は業務命令であって、懲戒処分ではないので区別が必要（自宅待機は、事実関係を調査するために一時的に行為者を職場から隔離する措置で、就業規則上の根拠は必要ない。ただし、自宅待機中も原則として賃金の支払いは必要）です。

■ 懲戒の種類

懲戒の種類	内容
戒告	将来を戒めるのみで始末書の提出までは求めない
譴責	始末書を提出させて将来を戒めること
減給	本来ならば受けられるべき賃金の一部を差し引くこと
出勤停止	従業員の就労を一定期間禁止し、その間の賃金を支払わないことで経済的な不利益を与える措置
降格・降職	職務等級または職能資格制度上の等級を引き下げ、または職位を下げること
諭旨解雇	懲戒解雇を緩和したもので、退職金の一部または全部の支給を伴う
懲戒解雇	最も重い懲戒処分で、退職金の不支給あるいは減額を伴うのが一般的

「降格・降職」は、職務等級または職能資格制度上の等級を引き下げ、または職位を下げることです。降格が予定されていない職能資格制度であっても、懲戒処分としての降格は可能です。

② 労働契約の終了を前提とした懲戒処分

「諭旨解雇」は、懲戒解雇を緩和したもので、退職金の一部または全部の支給を伴います。また、退職願の提出を勧告して従業員の任意で自ら辞職させる場合もあります。

「懲戒解雇」は、懲戒処分として労働契約を使用者が一方的に解消するもので、最も重い懲戒処分です。退職金の不支給あるいは減額を伴うのが一般的ですが、懲戒解雇と退職金の不支給・減額は本来、別の処分であり、裁判でその有効性が争われることが多いです。

35 懲戒処分にあたっての五つの原則

- 懲戒処分を実施する際には、明確性の原則、不遡及の原則、一事不再理の原則（二重処分禁止の原則）、相当性の原則、比例性の原則の各原則に準拠した形で行う
- これらの原則に反する場合、その処分自体が無効となる可能性が高い

①就業規則等に明確に定めがあること（明確性の原則）

懲戒処分を行うには、懲戒の対象となる事由および処分内容（懲戒の種類）を、就業規則等において明確に定めておかなければならないという原則です。就業規則は、あらかじめ従業員に周知しておく必要があります。

従業員に非違行為があったとしても、それに該当する懲戒事由と処分内容が就業規則に具体的に定められていない場合は、懲戒処分はできません。また、就業規則に定められている処分以外の処分を行うこともできません。就業規則に定められている懲戒処分よりも軽い処分であっても同じです。

②さかのぼって懲戒処分できない（不遡及の原則）

新たに就業規則に設けた懲戒に関する規定を、それ以前の行為について適用し処分対象にできないという原則です。非違行為があった場合に、就業規則を変更して当該非違行為を懲戒事由に追加したとしても、それより以前の事案に関しては懲戒処分を行うことはできません。

③一つのことに対し重ねて処分できない（一事不再理の原則）

同一の事案に対して重ねて懲戒処分できないという原則で、二重処分の禁止ともいいます。過去に懲戒処分が決定された行為についてはすでに決着がついており、重ねて責任を問われることはないという原則です。

■ 懲戒処分の原則

懲戒処分の原則	内　　　容
明確性の原則	懲戒処分を行うには、懲戒の対象となる事由および処分内容（懲戒の種類）を、就業規則等において明確に定めておかなければならない
不遡及の原則	新たに就業規則に設けた懲戒に関する規定を、それ以前の行為について適用し処分対象とすることはできない
一事不再理の原則	いわゆる、二重処分の禁止。同一の事案に対して重ねて懲戒処分を行うことはできない
相当性の原則	処分の対象となる事由と処分の内容とが釣り合ったものでなければならない ・客観的合理的な理由の存在 ・相当性（公平性）の存在
比例性の原則	過去の同様の処分事例と比べて不均衡な処分ではない

　例えば、過去に懲戒処分を受けた従業員に対して、反省が見られないからといって再度懲戒処分を行うことは許されません。ただし、まったく別の非違行為の処分を検討する際に、本人の過去の処分歴を考慮に入れて判断することは問題ありません。

　なお、懲戒処分の有効性を裁判で争う場合に、懲戒当時に使用者が認識していなかった非違行為を、裁判において懲戒の有効性の根拠として追加主張することは許されません。

④処分内容が相当なものであること（相当性の原則）

　処分の対象となる事由と処分の内容とが釣り合ったものであるという原則です。処分が社会通念上相当であると認められない場合は、権利濫用として無効となります。

⑤これまでのものと比べて不均衡でないこと（比例性の原則）

過去の同様の処分事例と比べて不均衡な処分ではないという原則です。

36 勤務態度のよくない者・成績不良者への対応

- 勤務態度がよくない従業員に対しては、注意・指導を繰り返し、改まらない場合は懲戒処分とする
- 成績不良者や、やる気がない者をただちに懲戒処分にはできないので、その原因を探り組織的に対応する

1 勤務態度のよくない者への対応

　仕事中の目に余るおしゃべり、業務と無関係なネット閲覧、横柄な態度、協調性のない対応など勤務態度のよくない従業員は、職場環境を悪化させるだけでなく、他の従業員の業務の支障にもなります。

　まず、目に余るおしゃべり、業務と無関係なネット閲覧は職務専念義務違反となります。ただし、従業員同士の会話やネット閲覧を100パーセント禁じている職場は少なく、程度の差こそあれ、誰もが行っていることです。そのため、服務規律として規定することは可能ですが、懲戒処分の対象とするにはハードルが高くなります。注意・指導を繰り返し、改まらない場合に戒告や譴責で処分します。あるいは、懲戒処分ではなく、人事考課を低評価とすることで対応する方法もあります。

　横柄な態度や協調性のない対応、逆になれなれしい態度や、上司に対しあからさまに媚を売る態度は確かに見苦しいですが、業務とは直接関係のない事柄であるため、服務規律では「従業員としての心構え」的な一般規定に該当し、懲戒処分の対象とはなりにくいです。

　本来であれば先輩や同僚がたしなめることで、組織的な自浄作用が働く

■ 勤務態度のよくない者への対応

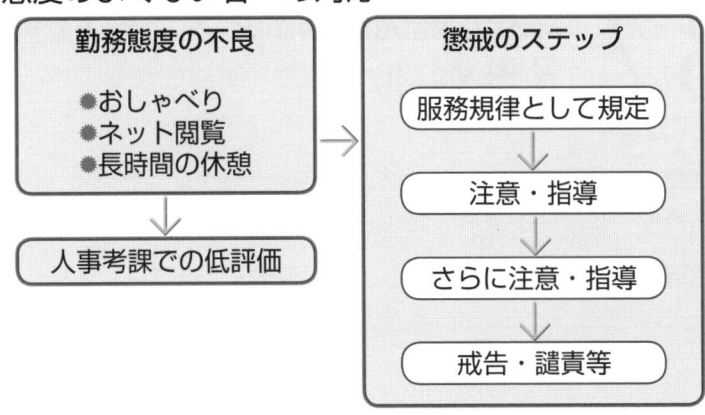

勤務態度の不良
- おしゃべり
- ネット閲覧
- 長時間の休憩

↓
人事考課での低評価

→ **懲戒のステップ**
服務規律として規定
↓
注意・指導
↓
さらに注意・指導
↓
戒告・譴責等

のですが、個人主義的な職場であればそのまま放置され、職場環境が悪化します。この手の問題は懲戒処分に頼るのではなく、上司が積極的に介入し、問題解決を図るべきものです。

② 成績不良者への対応

　成績不良者や、やる気がない者の問題については、懲戒処分ではなく人事上の措置（人事権の行使）として対応すべきものです。まず、成績不良や、やる気がない理由を探り、組織として対応します。場合によっては、教育や配置転換が必要となるかもしれません。改善が見込めない場合は、就業規則で定めている手続きを経ることで降格や減給とし、それでも改善が見込めない場合は、最終的には解雇とします。なお、解雇は最後の手段であって、客観的に合理的な理由を欠き社会通念上相当として認められない場合は、解雇権の濫用として無効になるとする「解雇権濫用法理」に照らして判断されることは言うまでもありません。

37 業務と無関係なインターネットの閲覧・私用メール

- 業務と無関係なネット閲覧は、職務専念義務違反となる
- 私用メールを社会通念上相当な範囲を超えて行った場合は、職務専念義務・企業秩序違反となり、懲戒事由に該当する

1 職場におけるインターネットの私的な利用

　ネットの私的利用で問題になるのは、サイト閲覧、私用メールです。アダルトサイト・出会い系サイトの閲覧、ネットショッピング、株式の売買等を行っている場合は、明らかに業務とは無関係ですので、職務専念義務違反となります。指導しても改まらない場合は、懲戒処分も可能です。

　専門学校職員が勤務時間中に業務用パソコンで出会い系サイトに投稿していたケースでは、教師の立場にある者が、学校のメールアドレスを使って膨大なメールの送受信を行っていたことなどから、懲戒解雇を有効とした裁判があります。なお、このケースでは、パソコンの使用規定を設けていなかったものの、教師が行ったという点で背信性が高い行為であったため懲戒解雇を有効とし、使用規定の有無は教師の行為の背信性の程度には影響を及ぼさないと判断されていますが、本来はパソコンの使用規定を含めた服務規定を作成しておくべきでしょう。

2 私的なネット利用と職務専念義務

　アダルトサイトの閲覧は論外としても、私用メールやSNSを業務中に利

■ 私的なネット閲覧・私用メールと懲戒処分

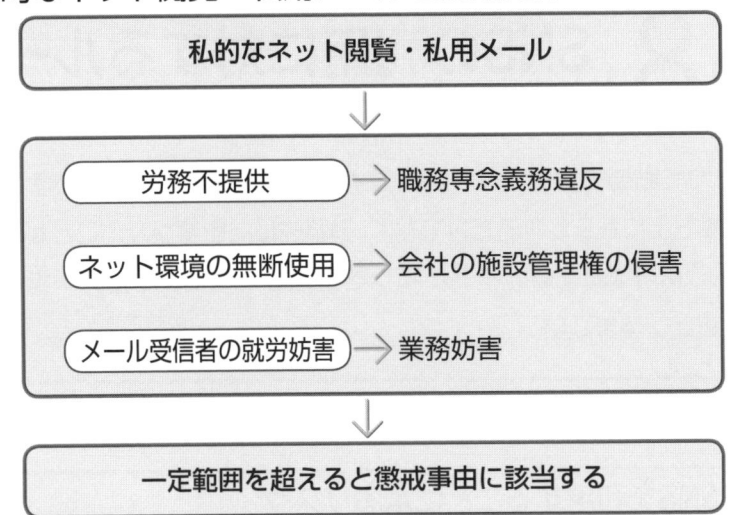

```
┌─────────────────────────────┐
│  私的なネット閲覧・私用メール  │
└─────────────────────────────┘
              ↓
┌─────────────────────────────────────────┐
│  ( 労務不提供 ) → 職務専念義務違反          │
│                                         │
│ (ネット環境の無断使用) → 会社の施設管理権の侵害 │
│                                         │
│ (メール受信者の就労妨害) → 業務妨害         │
└─────────────────────────────────────────┘
              ↓
┌─────────────────────────────────┐
│  一定範囲を超えると懲戒事由に該当する  │
└─────────────────────────────────┘
```

用している人は多いでしょう。膨大な私用メールは、送信者自身が職務専念義務に違反しているだけでなく、会社施設（パソコン、ネット環境）を私的に使用しているという点で施設管理権の侵害となります。私用メールを社会通念上相当な範囲を超えて行った場合は、職務専念義務・企業秩序違反となり、懲戒事由に該当します。

ただし、社会生活を送る上で必要な範囲内でのメール等の利用は、一定範囲で会社の電話を私用で利用するのと同様に、労働義務違反までは問われません。

従業員の私的なネット閲覧や私用メール等を監視することが、プライバシーの侵害に当たるかについては、メールの内容がサーバーに記録され、社内ネットワークの保守管理者がモニタリングしている現状を前提として、プライバシーの保護が、「通常の電話装置における場合よりも相当程度低減されることを甘受すべき」で、「社会通念上相当な範囲を逸脱した監視がなされた場合に限り、プライバシー権の侵害となる」と考えられています。

38 SNSの利用に対するルール

- SNSで勤務先等をオープンにしていると、不適切な発言で本人がネット上にさらされるだけでなく、勤務先にも影響が及ぶことがある
- SNS利用に対するガイドラインを整備し、従業員を啓発・指導することが望ましい

① SNSを利用することによるリスク

　SNSの利用が一般的になってきました。SNSとは、人と人とのつながりをサポートするコミュニティ型のサイトで、ソーシャルメディア（電子掲示板、ブログ、動画共有サイトなど）の一つです。

　ソーシャルメディアでは、サイトの閲覧者が同時に発信者として自由に情報を発信できます。ソーシャルメディアでの情報発信は、個人の私的領域での行為なので、企業が合理的な理由もなく規制することはできません。中でも、ツイッターやフェイスブックといったSNSは、友人との交流が目的なので自分が外部に向かって積極的に情報発信しているという意識が薄れ、不適切な発言を行いやすくなります。その結果、発言が転送され、拡散され、最終的には批判が殺到し"炎上さわぎ"に発展することもあります。本人はプライベートな仲間に伝えたいという軽い気持ちなのですが、SNSはもはやプライベートなメディアではなくなっています。

　また、SNSでは勤務先などをオープンにしていることが多く、仮にオープンにしていなくとも発言内容や交流人脈から勤務先が特定される可能性が高くなります。不適切な発言で本人がネット上にさらされるだけでな

■ SNS利用ガイドラインの項目

> ●勤務先は極力オープンにしない
> ●社内で撮影した写真は使わない
> ●顧客関連の情報は記載しない
> ●営業秘密に言及しない
> ●ライバル会社の批判はしない
> ●賠償責任を負うことがある点に留意する

く、勤務先にもクレームや嫌がらせの害が及ぶことになります。これは企業イメージの点からも看過できません。SNSの利用は、会社にとってもレピュテーション・リスク（企業に対する悪評が広がり、社会的な信用・信頼を失うリスク）があることを認識すべきです。

② SNS利用に対するガイドラインの整備

　就業時間中のSNS利用は職務専念義務の観点から規制の対象となりますが、就業時間外は個人の私生活上の自由がありますので、会社の規制は及びません。しかし、安易なSNS利用は会社だけでなく、本人にも大きな不利益が将来的にも及ぶことから、会社としてSNS利用規定や指針（ガイドライン）を作成し、啓発・指導しているところもあります。

　社内で撮影した写真は使わない、顧客関連の情報は記載しない、会社に損害を与えた場合は賠償責任を負うことがある等は、企業防衛の点からも規定しておきたいところです。さらに、本人の一時的な感情に任せた投稿によって、どのような不利益が生じるかという視点でも啓発が必要です。違法な投稿は、場合によっては名誉毀損罪、侮辱罪に問われることもあります。また、投稿履歴がネットにいつまでも残るという不利益もあります。

39 身だしなみ、茶髪・ひげなどの規制

- 接客業務等の従事者については、一定範囲で身だしなみを整えることの義務づけは可能
- 服装や茶髪・ひげは個人の趣味・嗜好に属する事柄であり、業務上の必要性を超えて規制することは難しい

1 服装等に対し会社は規制できるか

　従業員は企業に対し労務提供義務を負うとともに、労働契約の付随義務として企業秩序遵守義務を負います。従業員が職場の雰囲気に合わない奇異な服装をしたり、身だしなみを整えず無精ひげのまま接客等に従事することは、企業秩序を乱し、円滑な事業の運営にも支障を来す懸念があることから、服務規律として服装規定等を設け、従業員の服装について規制を加えることがあります。

　しかし、会社が従業員の服装等について無制限に規制を加えることができるわけではありません。髪を黄色に染めたトラック運転手を諭旨解雇したケースにおける裁判では、「労働者の髪の色・型、容姿、服装などといった人の人格や自由に関する事柄について、企業が企業秩序の維持を名目に労働者の自由を制限しようとする場合、その制限行為は無制限に許されるものではなく、企業の円滑な運営上必要かつ合理的な範囲内にとどまる」とされています。服装等を制限する場合には、制限の必要性、合理性、手段方法としての相当性を欠くことがないような配慮が必要です。

■ 従業員の服装等への規制

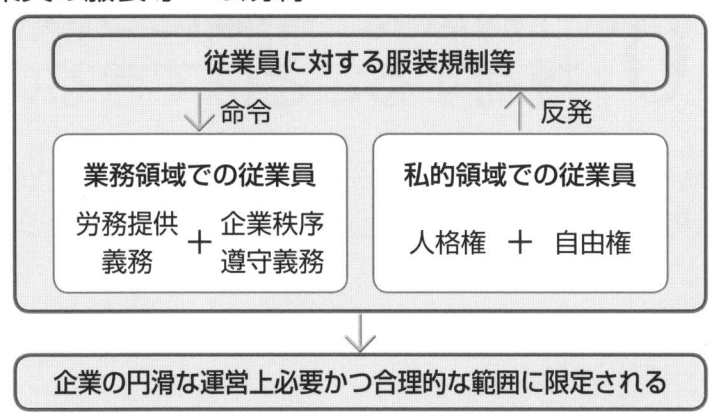

```
┌─────────────────────────────────────┐
│        従業員に対する服装規制等        │
└─────────────────────────────────────┘
         ↓命令              ↑反発
┌──────────────────┐  ┌──────────────────┐
│  業務領域での従業員  │  │  私的領域での従業員  │
│ 労務提供 ＋ 企業秩序 │  │  人格権 ＋ 自由権   │
│  義務      遵守義務  │  │                  │
└──────────────────┘  └──────────────────┘
              ↓
┌─────────────────────────────────────┐
│ 企業の円滑な運営上必要かつ合理的な範囲に限定される │
└─────────────────────────────────────┘
```

2 服装等の規制はどこまでできるのか

　接客業従事者や窓口業務従事者等の服装や身だしなみについて規制することは、業務上の必要性があり、認められるでしょう。例えば裁判では、バス運転手に着帽を義務づけることは、運転手等に対する乗客の信頼感の醸成に寄与するなどとして有効としたケースがあります。一方で、ハイヤー運転手にひげ禁止を義務づけたケースでは、禁止の対象は無精ひげや異様・奇異なひげに限定されるとして、乗車停止処分は無効とされました。

　服装等を規制する場合でも、一律に不可とすると合理的な制限とは認められない可能性が高くなります。「身だしなみ基準」を設けて長髪・ひげは一律不可とし、上司の指導に従わなかった職員を人事評価で減点したケースでは、違法と判断されました。

　ファッションタトゥーや入れ墨に関しては本来、本人の自由であり、私生活上の領域の問題であるため、程度にもよりますが、これを理由に懲戒処分を行うことまでは難しいでしょう。結局、人目につかない部署への配置転換など人事上の措置で対応することが現実的な選択となります。

40 社内恋愛・不倫について規制することはできるのか

- 従業員の社内恋愛・不倫について規制することは適切ではないが、企業秩序を維持する上で必要な範囲に限定して規制することは許されよう
- ただし、企業秩序に具体的な悪影響を及ぼさない限り、懲戒処分まで行うことは難しい

1 企業運営に具体的な影響を与えるものに限られる

　従業員の恋愛は、会社とは無関係な個人の私的領域のことであり、会社が介入することは適切ではありません。しかし、従業員は企業秩序遵守義務を負うことから、合理的な範囲内において会社が社内恋愛について規制することが可能になる場合もあるでしょう。ただし、企業秩序に具体的な悪影響を及ぼさない限り、懲戒処分まで行うことは難しくなります。

　例えば、男女の関係が、就業規則の懲戒事由である「素行不良で職場の風紀・秩序を乱した」に該当するか否かが争われた裁判では、懲戒事由は「企業運営に具体的な影響を与えるものに限る」と限定的に解釈され、懲戒事由には該当しないと判断されました。ただし、このケースでは、「妻子ある男性と男女関係を含む恋愛関係を継続することは、特段の事情のない限りその妻に対する不法行為となる上、社会的に非難される余地のある行為」であることから、就業規則の「素行不良」に該当することは認めています。

　不倫は相手方の配偶者に対する不法行為（権利侵害）であり、非難され

■ 社内恋愛・不倫と懲戒との関係

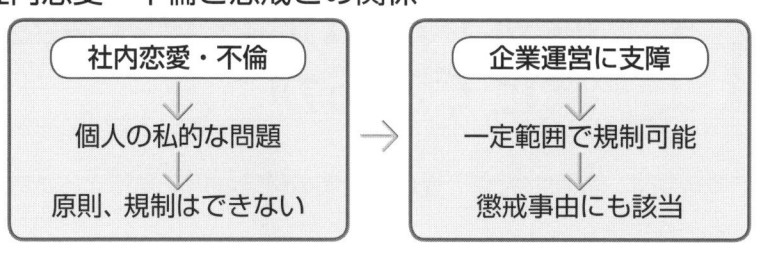

```
┌─────────────────┐        ┌─────────────────┐
│  社内恋愛・不倫  │        │  企業運営に支障  │
└─────────────────┘        └─────────────────┘
         ↓                           ↓
   個人の私的な問題       →    一定範囲で規制可能
         ↓                           ↓
   原則、規制はできない         懲戒事由にも該当
```

るものですが、懲戒事由に該当するといえるには、企業運営に具体的な支障が出ていなければならないということになります。

② 恋愛・不倫の規制が認められたケース

　業務上の必要性から、恋愛・不倫の規制が許されるケースもあります。例えば、観光バス会社において、バス運転手と女性バスガイドとの間における男女関係を就業規則によって原則として禁止し、これに反した場合には「賭博その他著しく風紀を乱す行為をした」ものとして解雇することができる旨定めることには合理性があると判断されたケースがあります。

　観光バス会社では、営業上、女性バスガイドが不可欠であって、その確保等のため社内規律保持が特に要求されていること、男性であるバス運転手と女性バスガイドが長時間同乗したり、宿泊を伴う旅行に同乗する勤務形態であることが、裁判所が恋愛禁止の合理性を認めた背景にあります。

　また、教師が教え子の母親と不倫関係に陥ったケースでは、「教職員としての品位を失い、学院の名誉を損ずる非行のあった場合」に該当するとして懲戒解雇が認められています。これも、高い倫理が求められる教育者にあるまじき行為である点が、懲戒解雇が認められた背景にあります。

41 無断アルバイトや兼業を禁止できるか

- 兼業規制は、誠実な労務の提供や企業の経営秩序を維持するために一定の合理性を有する
- ただし、就業時間外は個人の自由な私的領域であって、全面的に兼業を禁止することは合理性を欠き認められない

1 兼業を規制することの目的

　就業規則において、「会社の許可なく他社の役員に就任し、又は雇用され、もしくは自ら営業を行わないこと」と規定することで、許可のない兼業を禁止している会社は多いです。

　企業が兼業を規制する目的は、精神的・肉体的疲労回復のため適度な休養をとることで、次の労働日において誠実な労務提供を受けることにあります。また、兼業の内容によっては企業の経営秩序を害し、または企業の対外的信用、体面が傷つけられる懸念があるからです。

　このように、兼業を規制する就業規則には合理性があります。ただし、「就業時間外は本来労働者の自由であることからして、就業規則で兼業を全面的に禁止することは、特別な場合を除き、合理性を欠く」と裁判所では判断されています。

　兼業規制については一定の合理性があることから、原則認められていますが、個人の自由時間ですので全面的に禁止することは難しいです。

■ 兼業規制と個人の立場

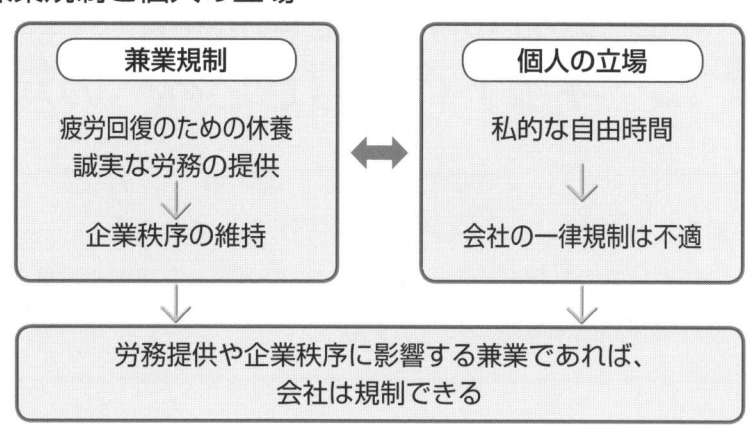

```
┌─────────────────┐         ┌─────────────────┐
│    兼業規制      │         │   個人の立場     │
├─────────────────┤         ├─────────────────┤
│ 疲労回復のための休養│  ⇔    │  私的な自由時間  │
│ 誠実な労務の提供  │         │        ↓        │
│       ↓         │         │ 会社の一律規制は不適│
│  企業秩序の維持   │         │                 │
└─────────────────┘         └─────────────────┘
                ↓
  ┌───────────────────────────────────────┐
  │ 労務提供や企業秩序に影響する兼業であれば、│
  │         会社は規制できる              │
  └───────────────────────────────────────┘
```

② 兼業に対する懲戒処分

　兼業といっても軽易なもので労務提供に特に支障がないものや、企業秩序に対する影響が小さいものについては、そもそも兼業禁止の対象にはならない（兼業禁止規定違反ではない）とするのが裁判所の立場です。逆に、労務提供や企業秩序に影響する場合は、兼業禁止規定違反となります。

　例えば、運送会社の運転手が年1、2回アルバイトをしていたケース、療養欠勤中にたまたま遊びに行った知人の競合会社で作業を手伝ったケースでは、懲戒解雇事由に該当しないと判断されています。

　一方、キャバレーで会計係として連日6時間、深夜にわたって働いていたケースでは、単なる余暇利用を超えた兼業であり、会社への労務提供に支障を来す可能性が高いものとして、懲戒解雇事由に該当するとされました。

　また、従業員には誠実義務（企業秩序を維持する義務）がありますので、競業行為をすることは許されません。会社の部長が他社の代表取締役に就任し、会社の取引先とも取引を行っていたケースでは、懲戒解雇が有効とされました。

42 会社批判や上司批判、ネットへの書き込みへの対応

- 職場内で会社批判・上司批判を繰り返す従業員には、懲戒処分があり得ることを示しながら注意・指導を行うことも有効
- 社外に対して会社批判を行う者には、誠実義務・忠実義務違反として懲戒処分も含めて厳しく対応する

1 会社批判・上司批判への対応

　職場で会社や上司を批判する従業員や、職場では従順な部下であっても酒が入ると上司批判を始める者がいます。これらの態度・行為を服務規律として規定することは可能ですが、懲戒処分は難しいでしょう。上司の注意・指導のレベルで対応する問題であるからです。もちろん指導のかいなく上司に反抗し続け、その態様が職場秩序を維持できない程度にひどく、従業員間の信頼関係が保持できない場合は、懲戒処分は可能です。

　この手の問題に対しては、上司が毅然（きぜん）とした態度で部下を注意し、業務命令として態度を改めることを要求するというハードなアプローチと、コーチングで対話しながら部下の態度変容を促すというソフトなアプローチがあります。

2 社外メールでの会社批判への対応

　従業員は労働契約に付随して誠実義務（企業秩序を維持する義務）を負っており、会社の社会的信用に影響する批判を繰り返した場合は、誠実義務

■ 会社批判への対応

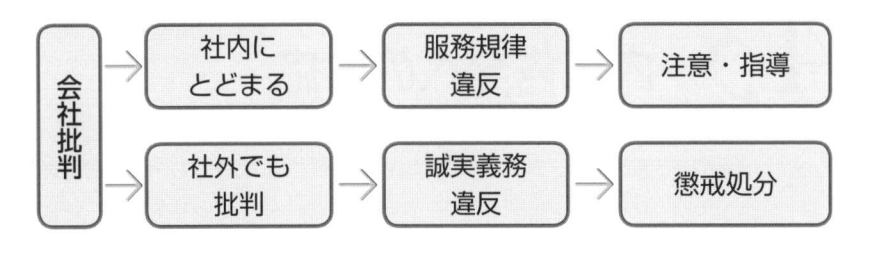

```
会社批判 → 社内にとどまる → 服務規律違反 → 注意・指導
         → 社外でも批判   → 誠実義務違反 → 懲戒処分
```

違反となり懲戒の対象となります。ある裁判では、私用メールの送受信行為が1日当たり2通程度であったことから、職務専念義務違反は問われませんでしたが、会社批判を取引先等へのメールで繰り返す行為が、労働者としての使用者に対する誠実義務の観点からして不適切と判断されました。

③ 新聞投稿、ネットへの書き込みへの対応

　新聞投稿や個人で開設したブログ、ネット上の掲示板に書き込む行為は、私的領域のものであるとしても、従業員は労働契約に付随して会社に対する忠実義務（故意に損害を与えないようにすべき義務）を負っており、会社の名誉や信用を失墜させる行為は非違行為として懲戒の対象となります。

　例えば、職員が勤務先の公団の道路計画を批判する新聞投稿を行ったケースの裁判では、「従業員が職場外で新聞に自己の見解を発表等することであっても、これによって企業の円滑な運営に支障をきたすおそれがあるなど、企業秩序の維持に関係を有するものであれば、例外的な場合を除き、従業員はこれを行わないようにする誠実義務を負う一方、使用者はその違反に対し企業秩序維持の観点から懲戒処分を行うことができる」とされました。

43 情報の持ち出しや秘密漏えい、内部告発への対応

- 会社情報の持ち出しについては情報管理規程等の整備が不可欠であり、持ち出しが日常化しているなど管理がずさんな場合は、従業員の懲戒処分は認められない
- 公益性があり正当な内部告発であれば、従業員の誠実義務違反・守秘義務違反等は問われない

1 会社情報の持ち出しへの対応

　顧客情報や会社の機密情報のデジタルデータ化によって、会社情報の持ち出しが容易になってきていることから、多くの会社ではシステム管理者の任命、社内データの社外持ち出しに対する方針の設定、パソコン等の情報機器の取扱規程の整備などの対策を講じています。

　社内情報はUSBメモリ等で簡単に持ち出せますが、記録媒体での社外持ち出しを禁止し、パスワードの設定を義務づけるなどの情報管理体制を会社として整えていないと、従業員の違法性を問うことは難しくなります。

　また、情報管理規程を作成していたとしても、従業員に周知していない場合や、情報の持ち出しが社内で常態化しているなど管理がずさんな場合は、服務規律違反で懲戒処分を行うことは困難です。会社情報を競合他社や第三者に譲渡する目的で持ち出した場合は、守秘義務違反等で懲戒処分を行うことは可能ですが、自宅に仕事を持ち帰るために持ち出した場合等では、服務規律違反で懲戒処分を行うことは一般的に難しいでしょう。

　もちろん、持ち出す情報の機密度や、顧客情報などの個人情報であるか

■ 社内情報の管理と服務規律違反

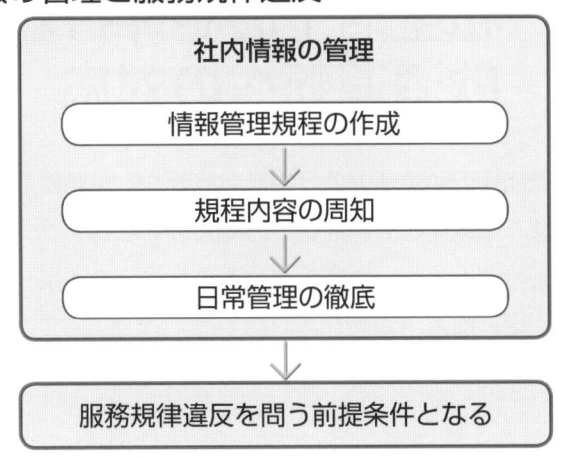

```
┌─────────────────────────────┐
│      社内情報の管理          │
│  ┌─────────────────────┐    │
│  │  情報管理規程の作成  │    │
│  └─────────┬───────────┘    │
│            ↓                │
│  ┌─────────────────────┐    │
│  │   規程内容の周知     │    │
│  └─────────┬───────────┘    │
│            ↓                │
│  ┌─────────────────────┐    │
│  │   日常管理の徹底     │    │
│  └─────────────────────┘    │
└──────────────┬──────────────┘
               ↓
┌─────────────────────────────────┐
│  服務規律違反を問う前提条件となる │
└─────────────────────────────────┘
```

否か、情報管理規程の運用の厳格さ、持ち出した情報を紛失したことで会社に損害を与えたか否かなど、個別事情を勘案して処分内容を決定することは可能です。

② 内部告発への対応

　内部告発は、企業秘密や情報を取得することが不可欠で、会社の名誉・信用を毀損する可能性が高いことから、従業員が守秘義務違反や誠実義務違反を問われる恐れがあります。しかし、内部告発が公益性を有することを前提に、①内容の真実性または真実相当性（真実と信じるにつき相当の理由がある）、②目的の公益性、③手段・態様の相当性、④内部通報の前置き（まず、社内で改善を求める行動をとったか）といった要件を満たした場合は、正当な内部告発として違法性を問われません。

　内部告発が恐喝や経営陣の失脚を目的としたもの、人事異動に対する報復などの場合は、内部告発の正当性が否定されています。

44 私生活上の犯罪行為や飲酒運転への対応

- 職務とは無関係の私生活上の行為であっても、企業秩序に影響を及ぼすものは、服務規律や懲戒処分の対象となり得る
- ただし、私生活上の自由は尊重されるべきで、懲戒処分の可否の基準はより厳格となる

1 職場外の行動に対する規制

　労働契約を結ぶことによって、会社は従業員から労務の提供を受けることができますが、労務提供の範囲を超えて個人の私的領域に干渉することはできません。しかし、従業員の行動が企業秩序や企業の社会的評価に影響を及ぼすことがあるとき、一定の規制をかけることは認められています。

　裁判所も、「従業員の職場外でされた職務遂行に関係のない所為であっても、企業秩序に直接の関連を有するものもあり、それが規制の対象となりうることは明らか」であると述べています。

　ただし、従業員の私的領域では、私生活上の自由が最大限尊重されるべきで、企業の規制はおのずと制限され、特に懲戒処分の可否の基準については厳格に判断されます。例えば、「不名誉な行為をして会社の体面を著しく汚した」ときという懲戒解雇事由に該当するか否かを判断した裁判では、「必ずしも具体的な業務阻害の結果や取引上の不利益の発生を必要とするものではないが、当該行為の性質、情状のほか、会社の事業の種類・態様・規模、会社の経済界に占める地位、経営方針及びその従業員の会社における地位・職種等諸般の事情から総合的に判断して、会社の社会的評

■ 職場外の行動に対する規制

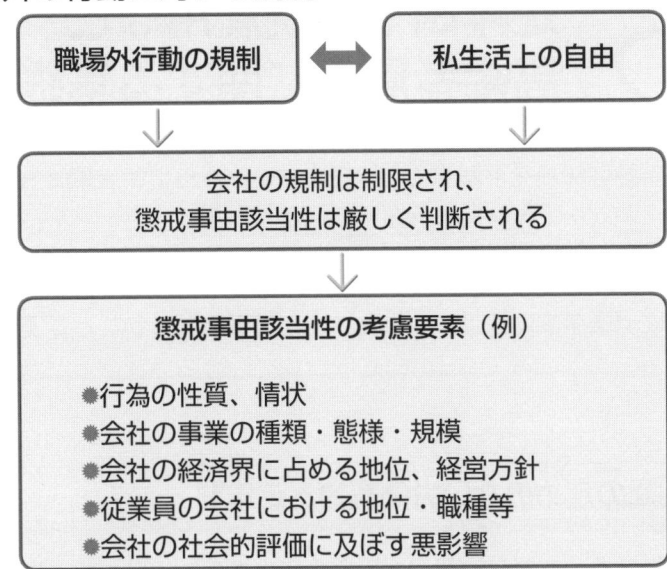

```
┌─────────────────┐      ┌─────────────────┐
│  職場外行動の規制  │ ⇔ │   私生活上の自由   │
└─────────────────┘      └─────────────────┘
         ↓                        ↓
┌───────────────────────────────────────┐
│       会社の規制は制限され、            │
│    懲戒事由該当性は厳しく判断される      │
└───────────────────────────────────────┘
                  ↓
┌───────────────────────────────────────┐
│       懲戒事由該当性の考慮要素（例）     │
│                                        │
│   ●行為の性質、情状                     │
│   ●会社の事業の種類・態様・規模          │
│   ●会社の経済界に占める地位、経営方針    │
│   ●従業員の会社における地位・職種等      │
│   ●会社の社会的評価に及ぼす悪影響        │
└───────────────────────────────────────┘
```

価に及ぼす悪影響が相当重大であると客観的に評価される場合でなければならない」と厳格な基準を示しています。

② 飲酒運転など私生活上の犯罪行為

　窃盗・飲酒運転などの私生活上の犯罪行為については、以前から懲戒処分が認められてきました。特に最近の酒気帯び・飲酒運転厳罰化の流れを受けて、今後は厳しい懲戒処分を行う企業も増えるでしょう。

　飲酒を勧めた先輩運転手が懲戒解雇されたケースや、飲酒運転で検挙されたことを会社に隠していたセールスドライバーが懲戒解雇されたケースでは、懲戒処分が有効とされました。これらは、飲酒運転に厳格であるべき職種であることも影響しています。

45 定年制や継続雇用など高齢者雇用に関する基礎知識

- 定年年齢は60歳を下回ることはできない。さらに60歳以降も、生年月日に応じて一定年齢までの雇用の確保が義務づけられている
- 心身の故障のために業務に堪えないなど、就業規則の普通解雇事由または退職事由に該当する場合は、継続雇用しないことができる

1 期間の定めのない労働契約と定年制

　労働契約には、有期労働契約と期間の定めのない労働契約（以下、無期契約）があります。無期契約であれば、契約当事者は14日前に申し出ることによって、いつでも解約することができるのが民法の原則です。しかし現実には、使用者側からの解約申し入れである解雇については厳しく制限されています。その代わり、定年制が認められており、定年年齢に到達することで労働契約を終了させることができます。

　定年制は、わが国の長期雇用と年功序列型賃金を側面から支えてきた制度で、従業員との雇用関係を一定年齢で終了することで、人件費負担を抑え、組織の新陳代謝を進めることが可能となります。

　しかし、定年年齢と老齢厚生年金の報酬比例部分の支給開始年齢との接続の問題から、定年後も生年月日に応じて一定年齢までの雇用の確保が義務づけられています。まず定年は、60歳を下回ることができません。そして、60歳で定年とした場合でも、65歳までの雇用確保措置が義務化されており、「定年延長」「継続雇用制度」「定年制の廃止」の三つの選択肢から企業の実情にあった措置を選択しなければなりません。

■ 希望者全員の継続雇用が義務づけられている年齢

生年月日	年齢
昭和28年4月2日～ 昭和30年4月1日	61歳まで
昭和30年4月2日～ 昭和32年4月1日	62歳まで
昭和32年4月2日～ 昭和34年4月1日	63歳まで
昭和34年4月2日～ 昭和36年4月1日	64歳まで
昭和36年4月2日～	65歳まで

　定年制を廃止することは勇気がいりますが、高齢になれば職務遂行能力が一般的に低下することから、それに見合った賃金額に変更することは合理性が認められ、老化に伴う心身の不調で十分な労務を提供できなくなれば、債務不履行で普通解雇の対象とすることも可能ですので、一般に考えられているほどバーは高くありません。

② 定年後も働くことができる継続雇用制度

　継続雇用制度には、従来の労働条件で勤務を延長する「勤務延長制度」と、いったん退職とすることで労働条件をリセットできる「再雇用制度」があり、多くの企業は再雇用制度を選択しています。

　60歳定年以降は、希望者全員を年金の支給開始年齢まで順次、雇用確保措置の対象としていくことになりますが、心身の故障のために業務に堪えない、勤務不良で従業員としての職責を果たし得ない等、就業規則の解雇事由や退職事由に該当する場合は、継続雇用の対象とする必要はありません。また、継続雇用は当該企業だけでなく、グループ企業でも可能です。

46 障害者の雇用に関する基礎知識

- 障害者の雇用促進のための施策として、現に雇用する労働者の一定割合の障害者の雇用を企業等に義務づける障害者雇用率制度がある
- 障害者雇用でも差別禁止が法制化された。障害者であることを理由とした不当な差別が禁止されるとともに、合理的配慮の提供が義務づけられた

1 障害者雇用の現状と障害者雇用率制度

　障害者の雇用を促進するための施策の一つとして、障害者雇用率制度（以下、雇用率制度）があります。企業が雇用する労働者数の一定割合（法定雇用率。以下、雇用率）を障害者が占めるように、企業に義務づける制度です。雇用率は、少なくとも5年に1回、政令で見直されます（民間企業で2.0％、平成26年4月時点）。

　雇用率に算入できる対象障害者は、身体障害者、知的障害者、精神障害者ですが、精神障害者については現在、法的には雇用義務の対象ではありません（平成30年4月から義務となり、雇用率も引き上げられます）。雇用率に算入できる障害者は、週所定労働時間が30時間以上の者ですが、20時間以上30時間未満の者であれば0.5人としてカウントできます。また、身体障害者・知的障害者については、重度障害者1人を雇用することで2人雇用したとみなす、ダブルカウント制度が設けられています。

■ 法定雇用率のカウント方法

週所定労働時間		30時間以上	20時間以上30時間未満
身体障害者		○	△
	重度	◎	○
知的障害者		○	△
	重度	◎	○
精神障害者		○	△

○：1カウント　◎：2カウント（ダブルカウント）
△：0.5カウント

② 障害者雇用における差別禁止と合理的配慮（平成28年4月から）

　雇用率制度とは別に、障害者を障害の有無で差別することを禁止することで、障害者の雇用を促進しようとする試みも法制化されています。具体的には、障害者だけ食堂や休憩室の利用を認めないなど、障害を有することを理由として不当に差別的取り扱いをすることは許されません。

　差別禁止は、障害者に対する合理的配慮の提供義務としても規定されています。これは、障害者が職場で働くに当たっての支障を改善するための措置（合理的配慮）を、使用者に義務づけるものです。例えば、下肢障害で車いすを利用する者には、作業机の高さの調整等の配慮が求められます。この合理的配慮は、事業主に対して過度な負担を及ぼす場合は除かれています。

　差別禁止と合理的配慮の提供義務は、障害者雇用促進法の改正によって導入されたものですが、実際の施行は平成28年4月からです。

47 セクハラには二つのタイプがある

- セクハラとは、相手方の意に反する性的言動を伴うもので、「対価型」「環境型」の二つの類型に分けられる
- 「対価型」は、自らが望まない性的な言動を拒否した結果、労働条件面で不利益な扱いを受けるタイプ
- 「環境型」は、性的な言動によって従業員の就業環境が悪化し、就業する上で見過ごすことができない程度の支障が生じているタイプ

① セクハラには二つの類型がある

　セクハラは、相手方の意に反する性的言動を伴うもので、「職場において行われる性的な言動に対する労働者の対応により当該労働者がその労働条件につき不利益を受けるもの」（対価型セクハラ）と、「性的な言動により労働者の就業環境が害されるもの」（環境型セクハラ）に類別できます。

② 拒否することで不利益を受けるタイプのセクハラ

　従業員が上司等から、自ら望まない性的な言動を受け、従業員がその言動に対して拒否的な対応をとることで、その従業員が解雇、降格、減給等の不利益を受けることを、対価型セクハラといいます。セクハラを受けることを拒否もしくは抵抗した結果が、労働条件の不利益というマイナスの対価として従業員に返ってくるというタイプのセクハラです。

　典型例として、①事務所内において事業主が従業員に対して性的な関係

■ セクハラの二つの類型

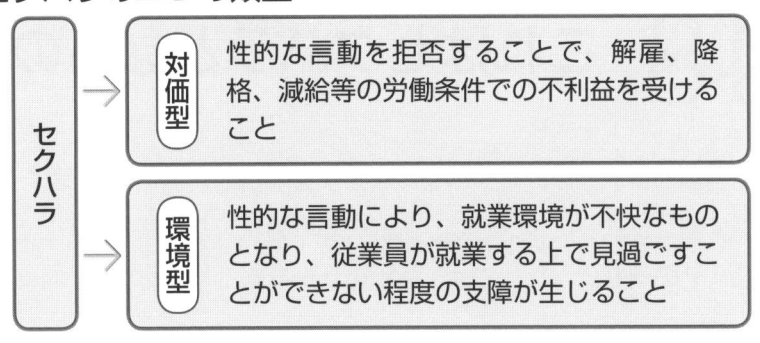

```
         ┌─────┐    ┌──────────────────────────────────┐
         │ 対価型 │──→│ 性的な言動を拒否することで、解雇、降 │
         │     │    │ 格、減給等の労働条件での不利益を受ける │
 セクハラ →│     │    │ こと                           │
         └─────┘    └──────────────────────────────────┘
         ┌─────┐    ┌──────────────────────────────────┐
         │ 環境型 │──→│ 性的な言動により、就業環境が不快なもの │
         │     │    │ となり、従業員が就業する上で見過ごすこ │
         │     │    │ とができない程度の支障が生じること      │
         └─────┘    └──────────────────────────────────┘
```

を要求したが、拒否されたため、この従業員を解雇すること、②出張中の車中において上司が部下の腰、胸等に触ったが、抵抗されたため、この部下について不利益な配置転換をすること、③営業所内において事業主が日頃から従業員にかかる性的な事柄について公然と発言していたが、抗議されたため、この従業員を降格することが挙げられます。

③ 性的な言動など環境型のセクハラ

　職場において従業員が受ける性的な言動により、従業員の就業環境が不快なものとなり、能力の発揮に重大な悪影響が生じるなど、この従業員が就業する上で見過ごすことができない程度の支障が生じることを、環境型セクハラといいます。

　典型例として、①事務所内において上司が部下の腰、胸等に度々触ったため、この部下が苦痛に感じてその就業意欲が低下していること、②同僚が取引先において従業員にかかる性的な内容の情報を意図的かつ継続的に流布したため、この従業員が苦痛に感じて仕事が手につかないこと、③従業員が抗議をしているにもかかわらず、事務所内にヌードポスターを掲示しているため、当該従業員が苦痛に感じて業務に専念できないことが挙げられます。

48 これはセクハラとなるのか

- 環境型セクハラは、セクハラに該当するか否か迷うことが多い
- 環境型セクハラについては、個別の職場の状況が多様であることから、その判断に当たっては、個別の状況を斟酌する必要がある

1 職場内での猥談はセクハラか

　例えば、職場内での猥談はセクハラに該当するのでしょうか。男女従業員ともに普通に交わしている職場もあるとはいえ、猥談は「性的な言動」に該当します。しかしながら、単に性的言動のみでは職場の環境が害されたことにはなりません。男女とも違和感なく猥談を交わしている場合は、環境型セクハラの要件である「職場において行われる労働者の意に反する性的な言動」には当たらず、セクハラとはなりません。

2 水着のポスターはセクハラか

　環境型セクハラについては、個別の職場の状況が多様であることから、その判断に当たっては、個別の状況を斟酌する必要があります。例えば小学生を対象とした学習塾であれば、水着のポスターを貼ることは「性的な言動」となり、就業環境を大きく悪化させる可能性があります。しかし、アダルトビデオを制作している会社であればどうでしょうか。環境型セクハラに対する寛容度は、個々の職場状況を斟酌して判断するしかありません。

■ 環境型セクハラの三つの判断要素

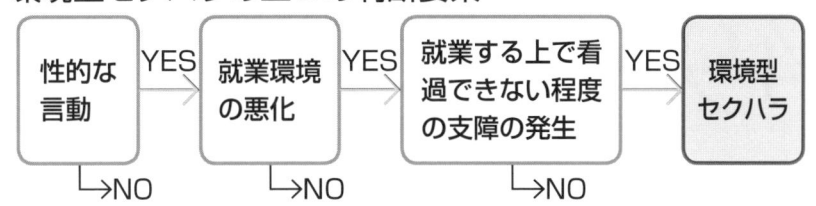

性的な言動 →YES→ 就業環境の悪化 →YES→ 就業する上で看過できない程度の支障の発生 →YES→ 環境型セクハラ
　↓NO　　　　　　↓NO　　　　　　　　↓NO

③ じっと見るのはセクハラか

　好意を持つ異性を黙ってじっと見ていても、「性的な言動」に該当しないとは言い切れません。「性的な言動」とは「その言動が性的性質を有すること」とされていることから、「注視」に性的な意味合いが込められており、それによって就業環境が害されて、能力発揮に重大な悪影響が生じるなど、その従業員が就業する上で見過ごせないほどの支障が生じている場合はセクハラとなる可能性も残ります。

　セクハラに該当するかは、本人の主観が重視されますが、一定の客観性も必要であり、平均的な男性労働者または女性労働者の感じ方を基準として判断されます。常識の範囲内での注視であればセクハラとはなりませんが、このような場合でも、本人が「見ないでほしい」と明確に意思表示し、それでもやめない場合はセクハラと解されても仕方がありません。

④ 軽いボディタッチはセクハラか

　一般的に、意に反する身体的接触によって強い精神的苦痛を被る場合、1回の行為でも就業環境を害することとなり得ます。異性に対するボディタッチが「性的な言動」に当たるのは言うまでもなく、抗議するなど、意に反すると明確に示しているのに繰り返し行うのはセクハラに該当します。

49 一方的な恋愛感情とストーカー行為

- 恋愛感情に基づくものであっても、相手が不快感を抱き、明確に意に反することを示しているにもかかわらず、さらに行われる性的言動はセクハラに該当する
- 恋愛感情を高め、つきまとい、待ち伏せなどのストーカー行為にまで発展した場合、セクハラを超えて刑法犯罪となる可能性が出てくる

1 一方的な恋愛感情

　従業員が同僚に対して恋愛感情を抱き、社内恋愛に発展したとしても、恋愛自体はあくまでも私的な行為であり、企業秩序や職場の風紀に具体的な悪影響を及ぼさない限り、原則として会社が規制することはできません。

　しかし、従業員が一方的に恋愛感情を抱き、相手にアプローチをかける過程において、相手がセクハラと認識した場合はどうでしょうか。

　均等法に定めるセクハラは「対価型」と「環境型」に分けられ、労働条件等での不利益を受けることがない場合は「環境型」のセクハラとなりますが、セクハラといえるためには本人の主観的な認識だけではなく、セクハラ行為によって就業環境が害されたといえる一定の客観的要件が必要です。それは均等法が、セクハラに対して事業主に何らかの対応（雇用管理上の措置）を求める規定だからです。よって１、２度、軽くデートに誘ったくらいではセクハラとはなりません。

　ただし、「明確に抗議しているにもかかわらず放置された状態の場合または心身に重大な影響を受けていることが明らかな場合」は、就業環境が

■ 性的な言動による「就業環境の悪化」とは

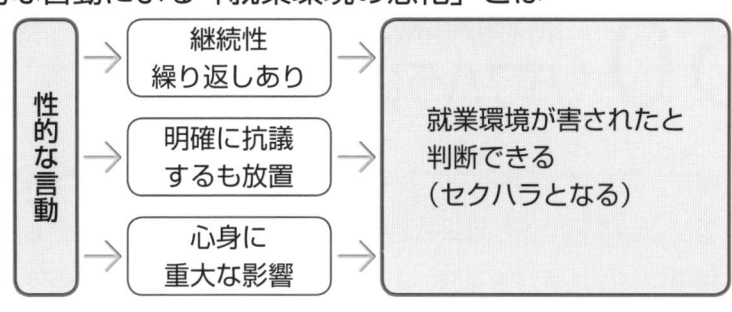

性的な言動 →
- 継続性 繰り返しあり →
- 明確に抗議するも放置 →
- 心身に重大な影響 →

就業環境が害されたと判断できる（セクハラとなる）

害されたと判断されるので注意が必要です。相手方が不快感を抱き、明確に意に反するものであることを示しているにもかかわらず、さらに行われる性的な言動はセクハラに該当します。

② ストーカー行為に対する規制

相手の意に反する一方的な性的言動が頻繁に行われ、相手が重大な影響を受けている場合はセクハラとなりますが、さらに恋愛感情を高め、つきまとい、待ち伏せなどのストーカー行為にまで発展した場合は、セクハラを超えて刑法犯罪となる可能性が出てきます。

従業員が、異性の同僚からつきまとい等を受け、それが「身体の安全、住居等の平穏もしくは名誉が害され、または行動の自由が著しく害される不安を覚えさせるような方法」によって行われている場合は、「ストーカー行為」となり、本人も会社も毅然（きぜん）とした対応が必要となります。平成25年の法改正により、「つきまとい」には、拒まれたにもかかわらず、連続して電子メールを送信する行為も含まれるようになりました。

ストーカー行為等に対する警告や禁止命令は、被害者の住所地だけでなく居所の所在地、つきまとい等が行われた場所、加害者の住所地等の警察でも出すことができます。

50 信頼関係がある中での暴言・罵倒もパワハラになるのか

- 暴言・罵倒は、「精神的な攻撃」となり、パワハラの行為類型に該当する。信頼関係が構築されていたとしても許されるものではない
- 職場のパワハラ対策では、上司等の言動の一つひとつを取り上げて管理するのではなく、職場内のコミュニケーションをどう改善していくかという視点で行うべきである

1 暴言・罵倒のパワハラ該当性

　上司と部下との間に信頼関係が構築されていても、期待を込めて熱心に部下指導をしていると徐々に感情が高まって、「バカ野郎、こんなこともできないのか」と暴言を吐いてしまう人がいます。こういったものもパワハラになるのでしょうか。

　パワハラは、「同じ職場で働く者に対して、職務上の地位や人間関係などの職場内の優位性を背景に、業務の適正な範囲を超えて、精神的・身体的苦痛を与える又は職場環境を悪化させる行為」と「職場のいじめ・嫌がらせ問題に関する円卓会議ワーキング・グループ報告」で概念整理されています。また、同報告では、「脅迫・名誉毀損・侮辱・ひどい暴言」を「精神的な攻撃」と類型化しています。

　報告書のパワハラの定義だけでは、どこからが「業務の適正な範囲を超え」たパワハラに該当するかは曖昧です。上記報告では、パワハラの六つの行為類型ごとに「業務の適正な範囲」についての判断ポイントが記載されています。これによると「精神的な攻撃」については、「業務の遂行に

■ 職場でのパワハラ対策

```
上司等の言動 → × 一つひとつを取り上げて管理
           → ○ コミュニケーション改善の視点から見直す
```

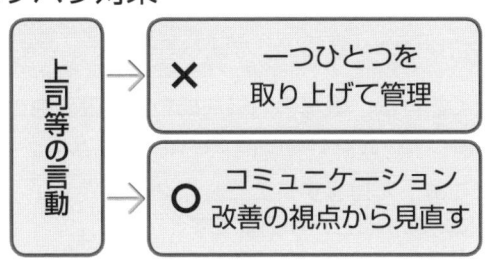

必要な行為であるとは通常想定できないことから、原則として『業務の適正な範囲』を超えるものと考えられる」とコメントされています。

② 信頼を構築した上での暴言・罵倒

そうすると、相手の人格を否定するような暴言・罵倒はパワハラに該当することになります。確かに、「バカ野郎」という発言は業務には必要ありません。ただし、一つの発言だけを取り上げてパワハラであるかないかを議論しても意味はなく、単なる言葉狩りになるだけです。実務上は、パワハラ行為の頻度や継続性、内容、パワハラ発言時の状況なども斟酌して判断することになるでしょう。

職場でのパワハラ対策では、上司や同僚等の言動の一つひとつを取り上げて管理するのではなく、メンバー間の信頼感をどう醸成し、職場内のコミュニケーションをどう改善していくかという視点で行うべきです（[**参考**] 参照）。

「職場のいじめ・嫌がらせ問題に関する円卓会議」の提言（平24.3.15）では、「職場のパワーハラスメント対策は、コミュニケーションを抑制するものであってはならない」と述べています。パワハラに過度に敏感になることで、最も重要な職場内のコミュニケーションが抑制されることは本末転倒の事態となります。

[参考]「パワー・ハラスメント」を起こさないためのポイント

暴言　→　人格の否定にならないような叱り方をしていますか

- 部下に暴言を吐くことは、職場の内外を問わず、懇親会の席などざっくばらんな雰囲気の場でも、許されるものではありません
- 厳しく叱ることも部下を指導する上で時には必要ですが、その場合も言葉を選んで、適切に対応することが必要です

執拗な非難　→　部下にうまく助言・指導していますか

- 部下は上司に対して、正面きって反論しづらい立場にあることを理解し、ミスには、必要な範囲で、具体的かつ的確に指導することに心がけることが必要です
- 部下の立場も考えて、できる限り人前で叱らないようにするなどの配慮も必要です

威圧的な行為　→　セルフコントロールができていますか

- 業務に関する言動であっても、その内容や態様等が威圧的にならないよう注意してください
- 仕事に対する姿勢や日常の振る舞いが「パワー・ハラスメント」の土壌となることがあります

実現不可能・無駄な業務の強要　→　明らかに無理・無駄な業務を指示していませんか

- 明らかに実現不可能な業務や自分の趣味による無駄な仕事の強要は、言うまでもなく許されません
- 部下に対し、非常に大きな負担をかける業務などを命じる場合には、必要に応じ、部下にその理由を説明するなどフォローが必要です

仕事を与えない　→　部下の好き嫌いなく仕事を与えていますか

- 部下には差別なくその能力や役職等に見合った仕事を与える必要があり、合理的な理由なく仕事を与えないことは許されません
- 業務上の意見を言ったことなどを理由に、仕事を与えないなどのペナルティを科すのは権限の濫用に該当します

仕事以外の事柄の強要　→　私生活に権限を持ち込んでいませんか
●部下に私事を命じるのは明らかに不適当な命令です ●部下に対して合理的な理由がないのに、仕事以外のことに執拗に干渉しない態度が必要です

資料出所：人事院「『パワー・ハラスメント』を起こさないために注意すべき言動例」

③ 「部下が」ではなく「自分が」という発想が重要

　部下指導で陥りがちなのが、「部下が」できない、「部下が」悪いという発想です。

　「部下が」と、失敗の原因や能力不足の理由を部下に求める発想では、どうしてもパワハラ的な発言につながりがちですが、そこで上司である「自分が」という発想に切り替えることが重要です。「自分が」指導できていない、「自分が」部下を説得できないと考えることで、少なくともパワハラ的な言動はコントロールできます。

51 社外での行為であっても セクハラ・パワハラになるのか

- セクハラは、業務との関連性があるものについては社外での行為もセクハラの対象となる。事業主は顧客・取引先でのセクハラ予防についても対策を講じる必要がある
- パワハラについても、従業員が第三者からのハラスメント被害に遭わないように対策を講じることが望まれる

1 社外での行為とセクハラ

　セクハラ行為は「職場において行われる性的な言動」と定義されていますが、この職場とは単に会社内だけにとどまりません。

　「職場」とは、労働者が業務を遂行する場所を指し、当該労働者が通常就業している場所以外に、取引先の事務所、取引先と打ち合わせをするための飲食店、顧客の自宅等も該当します。また、勤務時間外の「宴席」等も実質上業務の延長にあるものであれば均等法の規定する「職場」に該当し、出張先や業務で使用する車中等も職場に含まれます。

　セクハラの対象となる「職場」が取引先の事務所等にまで広がっていることから、セクハラの行為者には、社内の者だけでなく取引先の関係者も含まれることになります。会社としては社内のセクハラ予防だけでなく、取引先でも従業員がセクハラ被害に遭わないような対策を講じなければなりません。例えば、性的な要求や身体接触を求めてくる取引先との接待に、何ら対策をとらず、従業員を１人で行かせることは均等法違反となりかねません。

■ 社外での行為とハラスメント

セクハラ	パワハラ
職場において行われる性的な言動	同じ職場で働く者に対する、精神的・身体的苦痛を与えるまたは職場環境を悪化させる行為
↓	↓
取引先の事務所や打ち合わせを行う飲食店、顧客の自宅も、セクハラ予防の対象となる	顧客や取引先など第三者からのハラスメント行為は「職場のパワーハラスメント」の対象外

② 社外での行為とパワハラ

　パワハラは直接の上司や職場の同僚によるものだけにとどまらず、取引先が取引上の優越的な地位を利用して仕掛けてくることもあります。学校の教員であれば、モンスターペアレントと呼ばれる父兄から、理不尽で自己中心的な要求やクレームを投げ掛けられることもあります。コールセンターのオペレーターであれば、クレーム対応は日常業務でしょう。

　しかし、「職場のいじめ・嫌がらせ問題に関する円卓会議」で提示された「職場のパワーハラスメント」の概念には、顧客や取引先などの第三者からのパワハラ行為は含まれていません。これは円卓会議のワーキング・グループで、「職場のパワーハラスメント」は、労使や職場で解決しなければならない行為に限定すべきという意見が出されたことも影響しています。

　とはいえ、会社としてはセクハラ、パワハラ問わず、従業員が第三者からのハラスメント被害に遭わないように対策を講じることが、信義則上、求められているといえるでしょう。

メンタルヘルスの基礎知識

52 管理職が担う部下のメンタルヘルス対策

- 管理職は部下のメンタル不調にいち早く気づく役割を担っている
- 毎日、部下への声掛けを行い、普段と変わりがないか確認する

① ラインケアが重要な理由

　部下と日常的に接している管理職が、部下のメンタル不調に一番気づきやすいといわれています。企業のメンタルヘルス対策で管理職の教育（ラインケア教育）が重視されているのも、社員のメンタル不調を予防するのにラインケアが効果的だと考えられているからです。

　企業のメンタルヘルス対策は通常、①セルフケア、②ラインケア、③事業場内産業保健スタッフ等によるケア、④事業場外資源によるケア――の四つで構成されています。四つのケアの基本は、言うまでもなくセルフケアです。社員が自らの健康維持に努め、完全な労務提供を行うことは義務でもあります。ただし、仕事面だけを考えても、社員は、管理職の指揮命令下で仕事に従事するので、自分で自分の仕事をコントロールすることは難しく、知らない間にストレスを抱え込んでしまう可能性があります。加えて、私的なストレスもメンタル不調の引き金となることから、本人のセルフケアだけでは限界を超えることもあるでしょう。

② ラインケアの進め方

　部下がストレス状況を自分自身でモニタリングし、自分自身でストレス

■ メンタルヘルスの四つのケア

四つのケア	重要ポイント
セルフケア（社員自身がストレスに気づき自発的に対処すること）	●ストレスへの気づきと対処法の理解 ●バランスのとれた生活 ●気軽に相談できる相手や窓口の確保
ラインケア（管理職が職場の具体的なストレス要因を把握し、職場環境を改善すること）	●個々の部下の性格等の把握 ●労働時間管理と過重労働の防止 ●部下の体調変化等への気づき
事業場内産業保健スタッフ等によるケア（産業保健スタッフや人事労務管理スタッフが、セルフケアやラインケアを側面支援すること）	●社内への正しい知識の啓発活動 ●ストレスチェックの機会の提供 ●現場等との密接な連携
事業場外資源によるケア（メンタルヘルスに関する外部の専門機関を活用してケアを行うこと）	●従業員への相談窓口の提供 ●メンタルヘルスに関する教育 ●産業保健スタッフ等との情報共有

を緩和・解消できれば理想的ですが、そうはいきません。そこで、管理職が部下の精神面も含めて体調に気を配り、体調悪化が懸念される場合は、部下との面談を通して状況をヒアリングし、人事部や産業保健スタッフと連携して対処方法を検討しなければなりません。

　メンタル不調者は日々、現場で発生します。長時間労働などの過重労働をさせないことは当然としても、部下が体調を悪化させていないかどうか毎日「声掛け」を行い、普段と変わりがないか確認しましょう。部下のメンタル不調は言動に表れます。勤怠（遅刻、早退、欠勤等）の悪化やミスの多発、能率低下など、上司は部下の不調のサインを見落とさないことが大切です。睡眠や食欲、余暇活動などの状況も把握しておきましょう。

※242ページの「部下のストレス状況チェックシート」も、併せてご確認ください。

53 ストレス解消と健康管理

- 疲労は健康の大敵。早めの休憩に加え、自分に合ったストレス解消法を見つけることが重要
- 健康管理、体調管理、生活習慣の見直しでストレスを克服する。良質な睡眠をとることもポイント

① オリジナルなストレス解消法を身につける

　ストレスは、仕事や職場の人間関係、プライベートの問題等が原因となって引き起こされると思われていますが、実際は、それを本人がどう認識し（ものの見方）、どう感じるか（感情反応）で決まります。感情反応とは、怒り、悲しみ、ねたみ、不安、緊張、劣等感などですが、疲労が蓄積し、体調が不安定になると、ものの見方がネガティブになり、それが感情反応に結びつきます。感情反応はさらなる感情反応を引き起こし、同時に身体や行動面に悪影響を与えます。これがストレス反応の正体です。

　自分の感情を冷静にコントロールし、ネガティブなものの見方がクセになっている場合は改めます。運動はストレス解消にもなります。そのほか、音楽を聞く、旅行する、温泉に入るなど、自分に合ったストレス解消法を見つけましょう。

② 良質な睡眠でストレスを解消し、生産性をアップする

　ストレス解消には、良質な睡眠が必要です。毎日決まった時間に起き

■ ストレス反応の正体

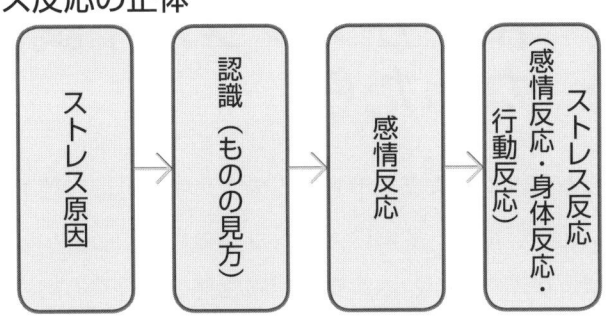

ストレス原因 → 認識（ものの見方）→ 感情反応 → ストレス反応（感情反応・身体反応・行動反応）

て、太陽の光を浴び、体内時計をリセットすることから始めます。夜更かしは睡眠時間を減らし、寝だめは不眠症の症状を悪化させるといいます。運動習慣も大切で、適度な疲労により良質の睡眠が促され、翌日の生産性が向上します。

　酒には興奮作用があり、睡眠の質を低下させるため、重要な会議等の前夜はアルコールを控えます。350mlの缶ビールに含まれているアルコールの分解には2時間必要です（体重70kgの人の場合）。特にビールは利尿作用が強く、体内の水分が失われるため、飲み過ぎると脱水症状を起こします。また、大量のアルコール摂取は、低血糖を引き起こします。朝食をとらない場合も血糖値が上がらず、1日の基礎代謝（全消費カロリー）の約4分の1を使っている脳が十分に働きません。

　夕食は炭水化物中心がよいでしょう。肉類は興奮作用があり、脂肪は胃腸の負担となって、疲労回復を妨げます。野菜は消化吸収を助け、便通もよくなるほか、ビタミン類も摂取できるので望ましいです。食事をとる時間が遅くなると、空腹のために大量に食べてしまうので注意が必要です。カフェインの覚醒作用で眠りが浅くなるため、コーヒーも1日2杯までにしておきます。過度に興奮することで、生産性が逆に低下します。

※250ページに「健康診断結果の見方」を掲載していますので、併せてご覧ください。

54 部下がメンタル不調になったら

- 突然メンタル不調になる部下もいるので、管理職は、部下の様子がおかしいと感じたら、すぐにアクションを起こす必要がある
- 部下の状況が深刻な場合は、安全配慮義務を履行するために休職制度の適用を検討すべき

① 部下の変化に着目し、すぐにアクションを起こす

　部下の様子がおかしいと感じたら、すぐに声掛けを行い、別室に呼んで状況を確認することが必要です。ストレスを感じやすい部下は、少しのストレスであっても強く反応してしまいます。今まで元気な部下であっても、突然メンタル不調を訴え、休職に入ってしまうこともあり得ます。

　部下は体調が悪化していても、仕事に対する責任意識や会社での自身の評価が悪化することを嫌って、表には出さない傾向があります。そのため、上司は部下の体調変化を見過ごしがちになります。少しでも部下の様子がおかしいと感じたら、すぐにアクションを起こさないといけません。

　業務の負荷が原因で体調が悪化していると判断した場合は、職場全体の業務負荷を確認しながら、他のメンバーに仕事を割り振ります。仕事の重要度・優先度を判断しながら、先送りできる仕事は先送りさせます。疲労が蓄積し、体調が悪化している場合は、休暇を取得させて体調を回復させることも検討します。部下が長期休職してしまえば、部署の業務負荷は一気に増えますので、先手を打って対処することが望まれます。

■ 部下がメンタル不調になったときのアクション

> ● 本人の体調確認
> ● 部下の仕事の軽減・見直し
> ● 部下の仕事の先送り
> ● 休暇取得の促し
> ● 人事スタッフ等との連携
> ● 休職制度の適用検討

② 部下の状況が深刻な場合は、人事と連携し対処する

　部下の状況が深刻な場合は、人事労務スタッフや社内の産業保健スタッフと連携して対処します。専門医療機関の受診を進め、場合によっては休職制度の適用を検討する必要もあります。管理職は普段から就業規則（休職規定）をよく読んで、内容を理解しておきましょう。

　部下から主治医の診断書の提出があった場合は、産業医と相談し、必要があれば、部下の同意を得た上で主治医と面談し、今後の対応について協議します。休職が必要となれば、主治医の診断書の提出を受け、就業規則の規定に基づき休職辞令を発します。休職後は、管理職または人事スタッフが定期的に本人と連絡をとり、回復状況を把握します。

　まれに、体調悪化を自覚していても医師の診断を拒否し、休職にも同意しない者がいます。これでは会社の安全配慮義務を履行できませんので、本人同意が得られない場合等に備えて、産業医の診断や会社指定医の受診を義務づける規定を就業規則に設けておくとよいでしょう。

55 メンタルヘルスに関して問われる会社と管理職の責任

- 会社と管理職は労働契約上、従業員のメンタルヘルスに対する責任（安全配慮義務）を負っている
- 会社の安全配慮義務違反等で従業員が精神疾患に罹患した場合、会社は損害賠償責任を負うことがある

1 メンタルヘルスに関する会社と管理職の責任

　会社と管理職は労働契約上、従業員に対する安全配慮義務（労働者の生命・身体等を危険から保護するよう配慮すべき義務）を負っています。メンタル不調者の増加を受けて、相談窓口の設置など具体的なメンタルヘルス対策を講じている会社も多くあります。しかし、それだけでは、会社は安全配慮義務を果たしたとはいえません。例えば、長時間労働が原因でうつ病に罹患した従業員が自殺したケースでは、メンタルヘルス対策や健康相談窓口を設置することで安全配慮義務を尽くしていたとする会社の主張に対して、「健康管理体制の準備があるからといって、社員の労働時間を把握し、過剰な長時間労働によって社員の健康が侵害されないように配慮するという義務の履行を尽くしていたということはできない」として、従業員の長時間労働や健康悪化を知りながら、具体的な業務軽減措置をとらなかった会社の安全配慮義務違反を認めた判決があります。

　形だけのメンタルヘルス対策を導入したとしても、実効が伴っていなければ会社は免責されません。

■ 会社と管理職が負う損害賠償責任

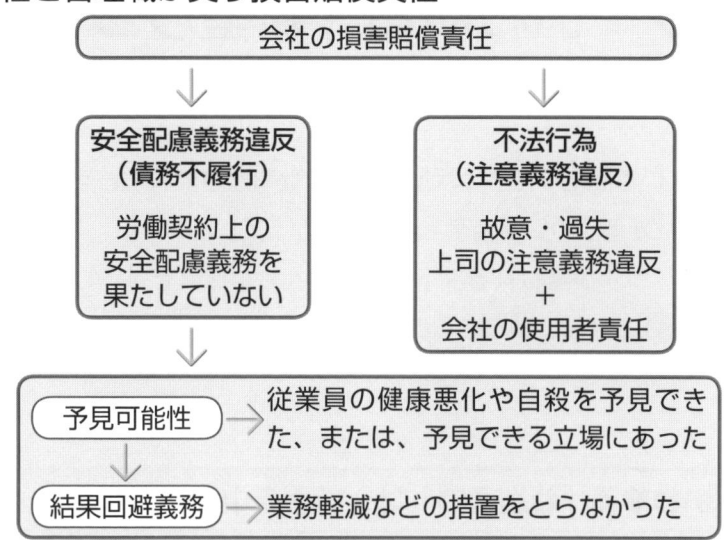

```
            ┌─────────────────┐
            │  会社の損害賠償責任  │
            └─────────────────┘
              ↓              ↓
  ┌─────────────────┐   ┌─────────────────┐
  │  安全配慮義務違反    │   │    不法行為       │
  │   （債務不履行）    │   │  （注意義務違反）  │
  │                │   │                │
  │  労働契約上の      │   │   故意・過失      │
  │  安全配慮義務を     │   │  上司の注意義務違反 │
  │  果たしていない     │   │       ＋        │
  │                │   │   会社の使用者責任  │
  └─────────────────┘   └─────────────────┘
           ↓
  ┌────────┐  従業員の健康悪化や自殺を予見でき
  │ 予見可能性 │→ た、または、予見できる立場にあった
  └────────┘
       ↓
  ┌────────┐
  │ 結果回避義務 │→ 業務軽減などの措置をとらなかった
  └────────┘
```

② メンタルヘルスにおける安全配慮義務と不法行為責任

　会社が安全配慮義務違反を問われるのは、従業員の健康悪化や自殺という結果を予見できた場合や、予見し得る立場にあった場合です。これを「予見可能性」といいます。結果の発生が予見できたにもかかわらず、会社がそれを放置して従業員の健康悪化や自殺といった重大な結果を招いた場合は、会社は「結果回避義務」を果たさなかったものとして、安全配慮義務違反に問われます。

　一方で、会社や上司が、従業員やその遺族に対して損害を与えたという観点から訴えられたケースもあります。これは会社や上司が、故意または過失によって従業員やその遺族に損害を与えた責任を追及するものです。

　長時間労働が原因でうつ病にかかり、自殺した若い従業員に対する責任が問われた裁判では、会社の使用者責任が認められています。つまり、上司の部下管理に過失（注意義務違反）があったと認めたことになります。

56 いわゆる「新型うつ」が疑われる部下への対応法

- 職場にいる間だけ抑うつ状態になり、仕事から離れると回復するという、「新型うつ」が若手を中心に広がっている
- 「新型うつ」が疑われる部下には毅然（きぜん）とした態度で対応し、会社は甘えが許されない場であることを理解させる必要がある

① いわゆる「新型うつ」は、若手を中心に広がっている

　うつ病は、真面目で責任感が強い人に多いというイメージがあります。しかし近年、20代、30代を中心に「新型うつ」（非定型うつとも呼ばれる）という、これまでとは異なるタイプのうつ病が見られるようになりました。

　「新型うつ」の場合、体調が悪化し抑うつ状態になるのは、仕事をしているときだけで、週末や休職期間中は回復し、旅行や趣味を楽しむことができます。一般的な性格傾向として、上司や会社に批判的で、他罰的に自分の責任を回避する一方、権利意識が強く、自分がうつ病であることを公言することで、会社にさまざまな配慮を求めてきます。

　従来型のうつ病は、気力が減退した抑うつ状態が毎日続き、興味・関心・喜びが失われるのが一般的なため、「新型うつ」は病気ではなく、単に甘えているだけと指摘する医師もいます。

　新型・従来型のうつ病を問わず、主治医から診断書が提出されている限り、会社としては何らかの配慮をせざるを得ません。ただ、「新型うつ」の場合、会社が配慮を検討する前に、管理職や人事担当者が振り回されてしまい、辟易（へきえき）してしまっているのが現状です。

■「新型うつ」が疑われる部下の特徴

> ● 仕事をすると抑うつ状態になる
> ● 週末は元気で活動的
> ● 他罰傾向がある
> ● 自己の責任を回避する
> ● 権利意識が強い
> ● うつ病であることを公言する

②「新型うつ」の社員への対応

　「新型うつ」が病気なのか、単なる甘えなのかを議論する必要はありません。管理職としては、部下の労務提供について問題があるのであれば、その点を指摘し改善を求めればよいのです。「新型うつ」が疑われる社員でも、管理職が継続的に厳しく注意と指導を行うことで、それなりに仕事に取り組むようになります。会社は甘えが許されない場であることを分からせればよいのです。

　なお、「新型うつ」の背景には、経済的・物質的に豊かな時代に育ったことによる精神的な未熟さがあるといわれています。

　いくら指導しても改まらない場合は、本人に別の道を示唆してあげることも必要です。この場合も、「新型うつ」の社員が他罰的で、他者の感情を支配しようとする傾向があることを前提に、毅然とした態度で臨まないといけません。また、休職制度を乱用する社員の対策としては、復職後一定期間以内に同一の理由により再度休んだ場合は休職期間を通算する制度に就業規則を見直し、一定期間の休職期間が満了すれば退職となるよう会社として制度変更するとよいでしょう。

57 発達障害が疑われる部下への対応法

- 発達障害が疑われる部下でも、差別し、組織から排除することは許されない
- 発達障害者は、優れた能力を秘めていることも多く、また、サポート次第では今以上に能力を発揮できる可能性があるので、長所に着目し、職場環境を調整するとよい

① 発達障害の概念は広く多様で、かつ個人差が大きい

　落ち着きがなく多動、不注意なミスが多い、自尊心が低い、集中できない（逆に過集中する）、空気が読めず対人関係でトラブルが多い、整理整頓や納期管理が苦手など、発達障害が疑われる社員は一定数存在します。発達障害者は複数の発達障害を抱えていることもあり、その状態は多様で個人差が大きく、上司・会社は個別かつ柔軟に対応する必要があります。

　当然のことながら、発達障害が疑われる社員であっても、障害を理由に差別し、組織から排除することは許されません。貴重な戦力として受け入れ、その能力が十分に発揮できるように職場環境を調整する必要があります。

　発達障害者であっても、本人がそのことをはっきり認識しているケースは多くないでしょう。「何となく、生きづらさを感じる。周囲の人とうまくいかないが、その原因が分からない」といった状況の中で、今まで過ごしてきた人が多いからです。発達障害者は頭脳が明晰な人も多く、高学歴で高い地位に就いている人もいます。そうなると、自分自身で発達障害者であることを受け入れることは、ますます困難なことになります。

■ 発達障害が疑われる部下の特徴

> ● 能力発揮にムラがある
> ● 落ち着きがなく多動
> ● 不注意なミスが多い
> ● 整理整頓が苦手
> ● 納期管理が苦手
> ● 場の空気が読めない

② 発達障害が疑われる部下への対応法

　仕事や人間関係で困っている部下がいれば、心療内科（クリニック）等に相談に行くよう促してあげることも一助となります。なお、管理職が一方的に発達障害であると決めつけることは不適切なだけでなく、部下に対する人格権の侵害行為となります。

　管理職は、職場での問題行動（ミス、トラブルなど）を指摘し、本人に改善を求めるだけにとどめておきます。本人が心療内科等に相談し、発達障害と診断された場合は、本人の申し出に応じて会社として対応策を検討します。例えば、不注意行動やもの忘れなどのミスが目立つ場合は、口頭での指示に加えてメールでも同様の指示内容を送付するなどの対応が考えられます。

　本人の社会性などに問題がある場合は、本人に対人関係スキルを訓練してもらうのと同時に、当面は、対人折衝が不要な職場に異動させるなどの対策を講じます。同時作業が苦手な場合は、一つの仕事を集中的に担当できるように作業プロセスを見直すとよいでしょう。

58 メンタル不調者に対する復職後の配慮

- 復職時点の回復状況には個人差があるので、復職時の状況を踏まえて、個別に復職プランを作成することが必要
- 復職後は当面、軽減勤務を行い、管理職、人事スタッフ、産業医、保健師などが本人と面談し、回復状況を確認する

1 復職時の回復状況には個人差がある

　メンタル不調で休職していた部下は、復職後すぐに戦力として働けるとは限りません。長期間仕事から離れていたので、勘を十分に取り戻せていないという理由だけでなく、メンタル不調そのものから完全に回復していないことも多々見られます。メンタル不調者の場合、復職時の回復状況のレベル感に個人差があることは、留意しておくべきでしょう。

　まず、部下の復職時の状況を人事部にしっかり確認することです。試し出勤（回復状況を確認するテスト出勤）を実施し、フルタイム就労可能な状態であることを会社が確認して復職を認めたのか、外部のリワーク施設（復職に向けたトレーニング施設）を経由し、回復状況の確認と復職準備性（体力・気力・姿勢）を高めてから復職したのか、あるいは、復職可能と記載された主治医の診断書だけで復職を認めてしまったのかを、確認しておきます。体調が十分回復していない状況で復職した場合、再発リスクが高くなります。

■ メンタル不調者の復職時の対応フロー

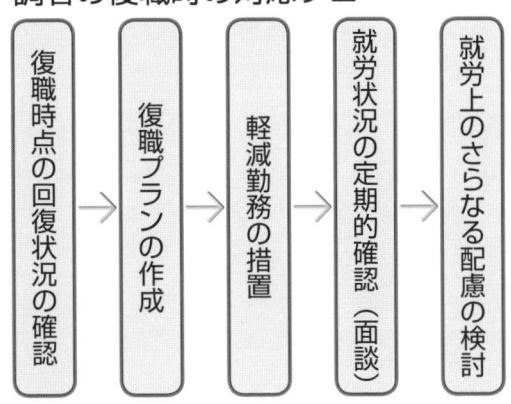

復職時点の回復状況の確認 → 復職プランの作成 → 軽減勤務の措置 → 就労状況の定期的確認（面談）→ 就労上のさらなる配慮の検討

② 復職後の配慮

　復職してもすぐにフルタイム就労させることは危険です。当面（3カ月～半年程度）は軽減勤務（短時間勤務、業務負荷の軽減など）で疲労の蓄積を防止し、体力の回復を待ちます。段階的な復職がポイントです。本人は、休職で周囲に迷惑をかけたので、早く戦力になりたいという気持ちが強いでしょうが、この焦りがメンタル不調の再発につながります。

　メンタル疾患は完治（治療や服薬が不要で、完全に治っている状態）となることは少なく、寛解（再発可能性は残っているが、症状は安定している状態）にとどまっていることが多いといえます。主治医と産業医の意見を聞きながら復職プランを立て、本人の回復状況を面談で確認しながら、半年から1年程度は何らかの配慮が必要となります。

　復職は、現職復帰が原則です。部署を変更すると、新しい環境に慣れるだけでエネルギーを費やし、それだけ回復が遅れるからです。一方、上司のパワハラや人間関係でメンタル不調を来したケースでは、異動も選択肢となりますが、本人のものの見方やコミュニケーションスタイルに問題がある場合は、異動させても同じ結果を招きます。そのあたりの見極めがポイントとなります。

部下の指導・育成

59 部下指導の心構え

- ベテラン管理職は、蓄積された指導メソッドを持っているが、これらの指導メソッドは、管理職本人の属人的な経験に基づくもので普遍的なものではない
- 管理職は、マイメソッド・マイセオリーにこだわるのではなく、部下の個性や組織文化、時代背景などを考慮しつつ、柔軟な対応を心掛けたい

1 部下指導ではマイメソッドに気をつける

　部下の指導や人材育成については、ベテラン管理職であれば誰でも雄弁に語ることができます。管理職として長年部下と接することで、蓄積した経験則があるからです。経験を通じて得たノウハウは確かに貴重であり、「あいつは俺が育てた」といった成功談とともに語られる指導メソッドは、傾聴に値する場合もあります。

　しかし、こうした上司の指導メソッドは、属人的な経験に基づくもので、また、特定の企業文化や人事制度、時代を背景にしたものであり、普遍的なものではありません。属人的な成功体験は、背景や事情が変わった場合には、逆に部下指導の足かせとなります。部下指導では、この点に留意する必要があります。マイメソッド・マイセオリーにこだわるのではなく、部下の個性や組織文化、時代背景などを考慮しつつ、柔軟に対応しましょう。

■ コミュニケーションにおける「ハイコンテクスト」と「ローコンテクスト」

ハイコンテクスト	ローコンテクスト
●曖昧な表現でも通じる	●曖昧な表現だと通じない
●寡黙は美徳（黙ってついて来い）	●寡黙は評価されない
●和を重んじる	●内容が大切
●言葉以外の表現（態度・表情等）が重要	●言葉がすべて

② 普遍的な部下指導ノウハウ

　部下指導では、昔から引用される普遍的なノウハウがあります。例えば、太平洋戦争時の連合艦隊司令長官であった山本五十六の「やってみせ、言って聞かせて、させてみせ、褒めてやらねば、人は動かじ」は、その代表例です。

　これは、手本を示して実際にやらせてみせ、さらにやったことを上司が承認し、よくできた点をフィードバックすることで部下を動機づけるという一連のノウハウです。このような普遍的な指導ノウハウも、状況によっては通用しないこともあります。コンテクスト（背景となる共通の価値観、考え方、体験、嗜好等）が変わってきているからです。

　例えば、年功序列制度が主流であった時代に入社した者と、成果主義制度が導入された時期以降に入社した者とは、考え方や物事の捉え方がまったく異なります。上司が一方的に「言って聞かせて」も、情報としては理解しても、本質的な部分で部下は納得しません。「言って聞かせて」という一方的なコミュニケーションの量と頻度をいくら増やしても、事は改善しません。

60 やる気のない部下を動機づけるには

- 過去の失敗を引きずっている者、未来にワクワクしない者、上司が熱くないと感じている者は、やる気を出さない
- やる気のない部下については、原因を特定し、個別にケアすることがポイントとなる

1 なぜ部下は動かないのか

「やる気がない部下を、どうすればやる気にさせることができるか」という問題を抱える上司は多くいます。やる気を高めるセミナーや書籍もたくさんありますが、そういったもので一時的にやる気になっても、持続しないことが多く、対症療法では無理があります。「やる気がない」にはそれなりの原因・理由があるのですから、それを部下と個別に面談して見つけ出し、地道につぶしていくしかありません。

部下には4タイプあります。①自分で火をつけて自分で燃える者、②上司が火をつけてやれば燃える者、③火をつけてやるとしばらくは燃えるが、すぐくすぶってしまう者、④火をつけてもまったく燃えない者。それぞれのタイプ別に対応策を検討します。上司では手に負えない者は、熟達したキャリアカウンセラーの力を借りるほうが効果的な場合があります。

2 やる気がない理由はどこにあるのか

やる気がないのは、エネルギー不足になっているからです。やる気を出

■ やる気がない部下の現在・過去・未来

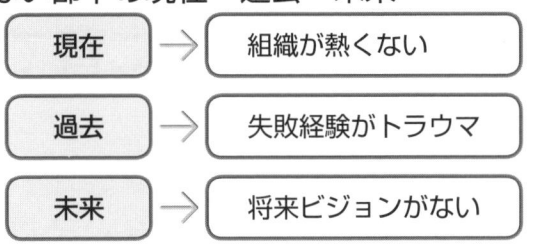

現在	→	組織が熱くない
過去	→	失敗経験がトラウマ
未来	→	将来ビジョンがない

して動き出すと、いろいろな問題や現実を直視せざるを得なくなります。エネルギーがなくては、こうはいきません。

やる気がない部下は、現在・過去・未来のいずれかに問題があります。例えば、過去の失敗経験や、以前の上司のネガティブなフィードバックを引きずっている者もいます。誰しも最初からやる気がないわけではありません。

また、未来にワクワクしないから、やる気が出ない者もいます。高報酬などの魅力的な誘因を示すことだけが動機づけではありません。それ以上に、将来に向けた大きなビジョン（ビッグ・ピクチャー）を、上司や会社が示せるか否かがカギを握ります。50代の従業員のモチベーションが一般に低いのは、未来にワクワクしないからです。

部下がやる気を起こさない場合、現在の組織、特に上司やメンバーとのコミュニケーションに問題があることが多いです。パワハラやネグレクト（無視）は論外ですが、コミュニケーションが一方的であったり、ラウンドテーブルと称してテーブルを囲んで対等な対話を促進しているケースでも、本音と建前が切り分けられていたり、コミュニケーションの質に問題がある場合が散見されます。

上司は部下と繰り返し対話を続けることはもちろん、その対話が本音に基づくものか、自分の発するメッセージに思いや熱がこもっているかを常に意識しなければなりません。部下指導に熱い思いを込めないと、エネルギー不足の部下は動きません。

61 部下を一人前に育てるには

- 仕事で一人前（熟達者）と呼ばれるレベルまで部下を育成することは上司の責任だが、部下自身も、現場での経験とその振り返りによって"学ぶ"ことが重要となる
- 変化が激しい時代では、"学び"だけではなく、環境変化に応じて継続的に学習できる能力も必要となる

1 仕事で一人前になる方法

　仕事で一人前（熟達者）と呼ばれるレベルまで部下を育成することは、上司の責任です。以前は、業務で必要な知識は研修等で習得し、現場ではそれを基に仕事に取り組むという考え方が多かったですが、今日では、現場での経験こそが学びであるという考え方（経験学習）が主流になっています。

　熟達には、現場での仕事経験だけでなく振り返り（省察、リフレクション）が重要です。経験を振り返り、それを自分なりに整理・概念化し教訓として抽出し、その教訓を実践の中で活かすことで学びます。つまり、人は経験そのものからではなく、その人なりの解釈を通して学ぶのです。そういう点では、学び、得たものは、人によって異なります。

　また、知識についても、周囲の環境や人とのやりとりの中で学習されるという考え方が広がってきています。学習は個人的なものではなく、組織の中で参加型で行われるということです。

■ 徒弟制による育成

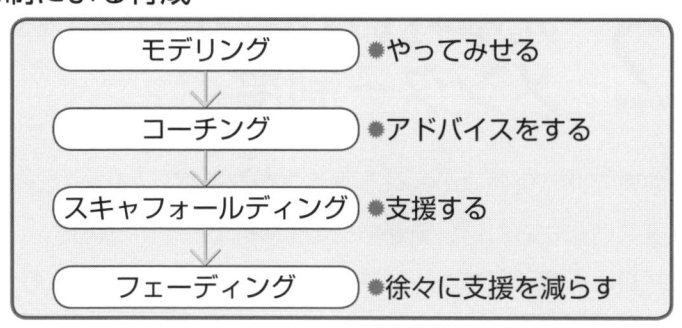

```
┌──────────────────┐
│    モデリング     │ ●やってみせる
└────────┬─────────┘
         ↓
┌──────────────────┐
│    コーチング     │ ●アドバイスをする
└────────┬─────────┘
         ↓
┌──────────────────┐
│ スキャフォールディング │ ●支援する
└────────┬─────────┘
         ↓
┌──────────────────┐
│   フェーディング   │ ●徐々に支援を減らす
└──────────────────┘
```

② 昔ながらの徒弟制と部下指導

　部下指導というと、親方が弟子を直接指導する徒弟制をイメージする人もいます。徒弟制の場合は、親方が弟子にやり方を見せ（モデリング）、弟子にやらせてみて、その様子を観察しアドバイスを与え（コーチング）、さらに弟子が困っているときに手を貸し（スキャフォールディング）、弟子の上達に合わせて徐々に支援を減らしていきます（フェーディング）。確かに、徒弟制が有効な職務は現在も存在します。

③ 変化対応能力と学び続ける能力

　学んだものに固執するのではなく、環境変化に応じて継続的に学習できる能力も重要となります。学習棄却（アンラーニング）という言葉がありますが、学んだものを捨て去る能力も学びには必要です。

　熟達者には、同じ作業を繰り返すことで習熟していく"手際の良い熟達者"、高度な問題解決を繰り返すことで習熟し、環境変化にも対応できる"適応的熟達者"、さらに自分で課題を設定してアイデアを生み出し形にできる"創造的熟達者"がいます。

62 先輩社員が支援するメンター制度

- 新人教育では、価値観の共有を図ることを重視したい。価値観がある程度共有化されれば、業務命令の効率化が一気に進む
- 新人教育は一度に行わず、業務上必要となった時点で行うのが効果的である。また、新人教育でメンター制度を併用すると、さらに有益である

1 新人教育は価値観の共有から

　新卒社員は言うまでもないですが、中途採用者であっても、新人については価値観の共有を図ることが部下指導の出発点となります。ここでいう価値観とは、会社の価値観であり、上司の価値観ではありません。会社が従業員に期待している姿勢や物事の捉え方・行動を、さまざまな場面を通して知らしめることが価値観の共有につながります。

　ただし、価値観の共有をメールなどの文章で行うことは適切ではありません。文章は視覚的にしか認識できませんので、伝えられる情報量が少なくなります。対面で声や表情、身ぶりなどを交えて説明する必要があります。

　また、上司から部下に一方的に情報を伝達しても、うまくいきません。上司が説明した上で、部下からの意見を受け、対話を通じて共有を図るようにしたいところです。

　価値観がある程度共有化されれば、業務命令の効率化が一気に進みます。いわゆる一枚岩の状態になるからです。

■ 価値観の共有の進め方

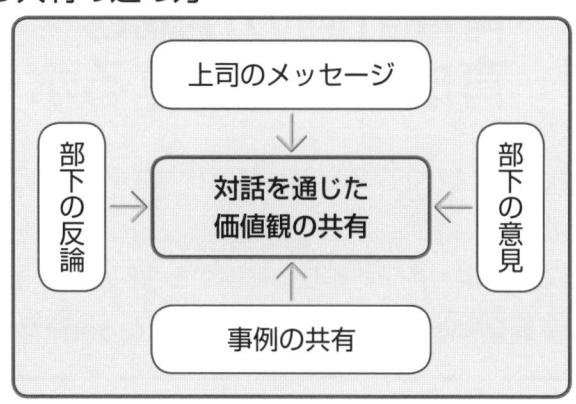

```
         ┌──────────────┐
         │ 上司のメッセージ │
         └──────┬───────┘
                ↓
┌──────┐  ┌──────────┐  ┌──────┐
│部下の │→ │ 対話を通じた │ ←│部下の │
│反論  │  │ 価値観の共有 │  │意見  │
└──────┘  └──────┬───┘  └──────┘
                ↑
         ┌──────────────┐
         │  事例の共有   │
         └──────────────┘
```

② 新人教育は一度にやらない

　新入社員教育で、実務教育を集中的に行うことはあまり効果的ではありません。実務は必要とされるときに教育して、初めて身につくものだからです。また、SEなど入社後に就く職種によっては、スキルの陳腐化が早いものもあり、入社時点では汎用的な知識教育にとどめて、実際に知識が必要になった時点で教育するほうが有効です。若年者は離職率も高い傾向にあり、投資効果を考えると、一度に教育投資を行うことは無駄が多くなります。

　また、環境変化が激しい業界では、業務上必要な最新情報は現場に集中します。管理職ではなく、第一線の担当者のほうがより詳しいことが現場の中でも多いです。新人を早期に戦力化するには、管理職ではなく、担当者が直接指導するほうが効率的な場合もあります。メンター制度を導入することも有効で、今後の新人育成は、新入社員教育とOJT（メンター制度）をセットで考える必要があるでしょう。

63 育成計画の作成と育成面談におけるポイント

- 部下育成はPDCAサイクルを回しながら、ステップを追って継続的に行いたい
- 育成面談では育成カルテを作り、前回から今回の面談までの間に、どのような取り組みをしたかを報告させることも有益である

① ステップを追った育成計画の作成

　部下育成は一気に進めることはできず、ステップを追って行います。一般的には、業務に必要な知識・スキルを洗い出し、それをいつまでに身につけさせるかを決めます。また、育成手段も定めます。セミナー等の集合型教育、実際の仕事を通じたOJT、eラーニングを利用した自己啓発など、学びの手段を設定します。

　育成計画は、PDCAサイクルで継続的に見直しをかけることも必要です。PDCAサイクルとは、Plan（計画）→ Do（実行）→ Check（評価）→ Action（改善）です。育成目標の課題のうち、達成できたもの、未達成のものそれぞれについて評価し、次期の育成計画に反映させます。できれば四半期に1回くらいは見直しをかけると、教育効果が高くなります。

　育成計画でよく失敗するのは、How（育成手段）の部分の設計です。指導責任者、指導方法、指導プロセスなど上司や会社が設計する部分と、本人が自己の学びとして設計する部分を分けて計画するとよいでしょう。日常業務に追われて、育成課題の達成が後回しになることが多いので、この点も留意します。

■ 部下育成のポイント

> ● 必要な知識・スキルの洗い出し
> ● ステップを追った育成
> ● 指導責任者・方法等の明確化
> ● 本人の自主的な学びの促進
> ● 育成カルテの作成
> ● PDCAサイクルを回す

② 育成面談におけるポイント

　育成面談は、目標管理制度の評価面談と併せて行う会社が多いですが、本来は日常的に行うべきものです。時間を長くかける必要はなく、現状の確認だけでもよいでしょう。少しでも前に進んでいればよいですが、停滞している場合は、何らかの対応をアドバイスし、コーチングの手法を使って問題点を自覚させることも必要です。

　部下に「育成カルテ」を作らせて、前回の面談から今回の面談までの間に、どのような取り組みをしたかを報告させることも有益です。「仕事を通じての学び」「社外での学び」「読んだ本」などを記載させて、それを基に部下とディスカッションします。また、次回に向けた取り組みも考えさせ、育成カルテに記入させます。

　育成面談は叱責（しっせき）の場ではありません。また、評価面談のように、人事評価のための厳しい面談でもありません。部下の仕事への取り組み意欲を喚起し、自主的な学びを促進する場です。そのためにも、部下が取り組んだこと、成果が出ていることに着目し、できるだけ承認や賞賛を与えることも必要です。さらに上司としてのサポートを申し出て、必要な支援がないか確認する配慮も必要でしょう。

64 コーチングを活用した部下指導

- コーチングでは、主に質問によって、目標と現在の状況とのギャップを明確化し、目標達成のための方策を部下と考えるアプローチをとる
- 部下の主体的な行動を引き出すことが重要で、承認やフィードバックによって本人に気づきを与える。叱責は逆効果である

① コーチングと部下指導

　コーチングはクライアントの自発的な行動を促すためのコミュニケーションスキルとして、多くの企業等で取り入れられています。コーチングの目的は、クライアントの目標達成を支援することで、主に質問によって、目標と現在の状況とのギャップを明確化し、目標達成のための方策をともに考えるというアプローチをとります。

　通常は1対1で行われますので、部下指導のスキルとして使われることも多いです。コーチングの基本となる考え方に、「GROWモデル」があります。目標と現状とのギャップを埋めていくために、どういう方策が選択肢として考えられるか、利用可能な資源は何かを検討した上で、本人の強い達成意欲・意志を確認し、目標達成に向けて歩み始めます。GROWモデルは、目標管理制度における上司のチェックポイントとしても使えます。

② 部下の主体的な行動を引き出す

　目標達成プロセスでは、小さな成功体験を積み上げていくことが重要と

■ GROWモデル

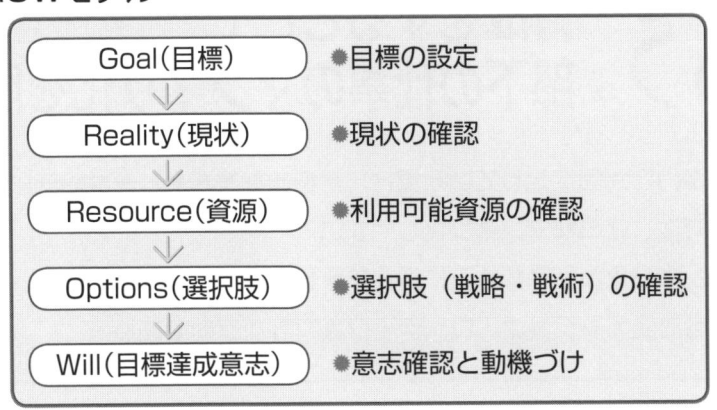

Goal（目標）	●目標の設定
↓	
Reality（現状）	●現状の確認
↓	
Resource（資源）	●利用可能資源の確認
↓	
Options（選択肢）	●選択肢（戦略・戦術）の確認
↓	
Will（目標達成意志）	●意志確認と動機づけ

なります。また、部下のモチベーションを維持させるために、上司はタイムリーに承認（アクノレッジメント）を与えなければなりません。承認の対象は、部下の行動、部下の成果、そして部下の存在そのものです。特に部下が落ち込んでいる場合は、上司はきちんと受け入れているということを伝えて、不安を解消してやらなければなりません。

　目標達成に向けて順調に進んでいるかを部下自身が認識できるように、上司は適宜、達成状況等についてフィードバックを行います。また、軌道を外れている場合は、注意喚起して軌道修正を図ります。その場合、叱責は逆効果となります。あくまでも部下自身が自分で気づき、自分で軌道修正するように促さなければなりません。

③ チーム全体をコーチングする

　管理職には、チーム全体を活性化させる「チームビルディング」も求められます。この場合も、コーチングスキルを使うことができます。メンバーそれぞれの異なる価値観を対話によって引き出し、チームとして課題を解決するように促し、目標達成意欲を喚起します。

65 育成をすることで部下の仕事のマンネリ化を防ぐ

- 仕事内容が固定化している場合、定型的な業務や"天井が低い"業務では、仕事がマンネリ化しやすい
- マンネリ化から脱却するには、チャレンジングな仕事の付与、仕事内容を変えるジョブ・ローテーション等が有効である

1 マンネリ化の原因

　仕事がマンネリ化し、部下の成長が止まっていると感じる場合は、仕事内容の固定化が原因である場合が多いです。特に定型的な業務や天井が低い業務（専門性を高める余地が少ない業務）であれば、比較的短期で習熟してしまいます。また、比較的難易度の高い仕事であっても、一定の経験年数で熟達してしまい、後はルーティンワークのようになってしまいます。仕事のパターンがある程度つかめるようになると、チェックすべき点などが容易に分かり、ミスをしなくなります。つまり、失敗もしなければ、成長もしないという状態になってしまうのです。

　仕事の発展性が失われ、プラトー状態（高原状態）となる現象を、「仕事内容のプラトー」と呼ぶ場合があります。昇進・昇格の可能性が低くなるキャリア・プラトーと同様に、本人はやりがいを失ってしまいます。

2 マンネリ化からの脱却

　マンネリ化から脱却するには、仕事内容を変えるジョブ・ローテーショ

■ プラトーと学習曲線

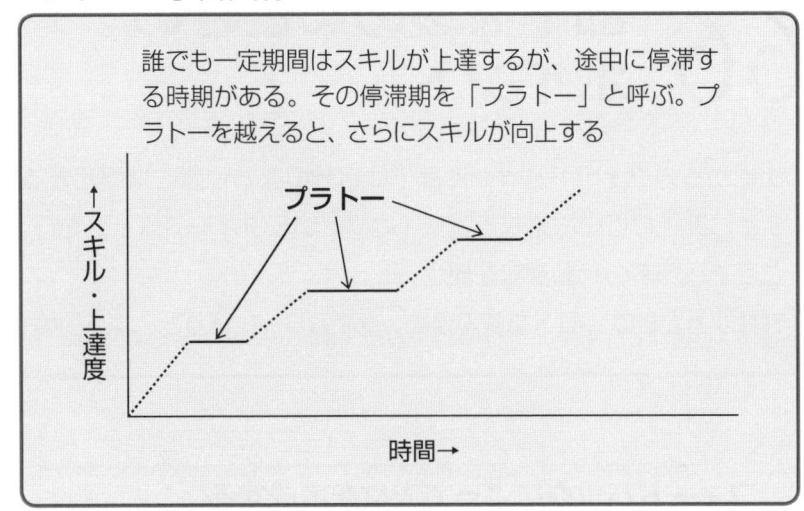

```
誰でも一定期間はスキルが上達するが、途中に停滞す
る時期がある。その停滞期を「プラトー」と呼ぶ。プ
ラトーを越えると、さらにスキルが向上する
```

（図：縦軸「スキル・上達度↑」、横軸「時間→」のグラフ。階段状に上昇する学習曲線に「プラトー」と呼ばれる停滞期が示されている）

ンが有効です。仕事経験の連鎖を、キャリアパスという形で会社が用意することは、人材育成上も必要となるでしょう。また、本人の選択によって次の仕事機会を選べる制度（社内公募制度など）は、従業員のキャリアを尊重し擁護する立場（キャリア権）からも望ましいです。

さらに同じ領域の仕事であっても、よりチャレンジングな業務を目標として与えることで、マンネリ化から脱却することが可能です。

同じ業務を長年続けると熟達化は進みますが、自己の業務枠にとらわれて新たな発想ができにくくなる懸念があります。また、従来の慣れた仕事にこだわり、新たな業務に就くことを嫌がる部下も出てくることから、弊害は大きいです。

企業が新たな仕事を用意できない場合などでは、個人が積極的に企業の外に出て学ぶ必要もあります。いわゆる「越境学習」です。企業や組織の壁を越えて外部の人間と交流することで、新たな価値観や情報に触れることができます。他企業を見学することも、ボランティアをすることも、学びがあれば越境学習となります。

66 部下を褒めるときのポイント

- 上司からのフィードバックで部下は自分の立ち位置を理解できる。また、部下の行動に対して賞賛・叱責というフィードバックを行うことで、部下の行動変容を促せる
- 賞賛するときは、部下を主人公に、タイムリーに行うと、より効果的

① フィードバックによって人材を育成する

　部下指導では褒めたり・叱ったりすることが重要です。ただし、賞賛・叱責それ自体が目的ではありません。部下の行動に対して賞賛・叱責というフィードバックを行うことで、部下の行動変容を促すことが目的となります。部下の望ましい行動を増やし、望ましくない行動を減らすために賞賛・叱責というフィードバックを使うのです。

　人材育成の分野でも「ゲーミフィケーション」という考え方が取り入れられつつあります。仕事に没頭しない人でも、コンピュータゲームには時間を忘れて熱中します。人を虜にするゲームの仕組みを人材育成に取り入れようという試みです。ゲームには明確なゴール（達成目標）があり、ゴールの前には立ちはだかる数々の制約条件があります。課題をクリアし、どこまで前に進んだか、ゴールまでどれだけの距離があるのかもフィードバックによって理解できます。また、成功や失敗をすると大げさな音や映像で即時にフィードバックを受けます。誰もがゲームの主人公になれ、ゲームに参加するか否かは自分で決定できます。

　仕事の上でも、前向きに行動する部下を育てるには、ゲームの仕組みを

■ 前向きな部下の育成ポイント

> ●明確なミッションとゴールの設定
> ●部下を仕事の主人公に
> ●権限に見合った責任の付与
> ●立ち位置（達成度）のフィードバック
> ●成功・失敗時の明確なメッセージ
> ●タイムリーな賞賛・叱責

応用することが有効です。部下に明確なミッションとゴールを伝え、権限と責任を与えて動機づけをします。部下の立ち位置が自覚できるように、現時点での達成度を常にフィードバックします。失敗しても成功しても、上司としてのメッセージを明確に伝えます。

② 部下を主人公にして、タイムリーに褒める

　部下の望ましい行動を増やすには、望ましい行動が見られた直後に、時間を置かずに承認と賞賛を与えることがポイントとなります。このことは行動分析学でも「強化の原理」として知られています。例えば、上司が部下のチームプレーを促進したいと思っている場合、部下が他のメンバーの仕事を自発的に手伝い、他のメンバーの問題解決に役立つ情報を提供するなど望ましい行動が見られる都度、即座に褒めると効果的です。

　このとき、「君のおかげで」「君が中心的な役割を果たしてくれたので」「頼りにしている」という言い方が、部下にさらなるパワーを与えます。

　なお、褒めるときは、他のメンバーの前で褒めるほうが効果的である場合が多いです。より多くのメンバーに賞賛されることでフィードバックが強くなり、部下の望ましい行動の出現が、より強化されます。また、他のメンバーにも、上司が期待している行動がどのようなものであるかを具体的に示すことにつながり、組織全体によい効果をもたらします。

67 部下を叱るときのポイント

- 叱責の対象は部下ではなく、部下がとった「行動」である。部下の行動や事実に対して、具体的なアドバイスを行うようにすれば、人格攻撃に陥るリスクを回避できる
- 部下の年齢や立場に配慮して叱責する。叱責は前向きな行動を促すことが目的で、モチベーションを下げては意味がない

① タイムリーな叱責が効果的。人間関係悪化にも注意

　部下を叱る場合も、褒める場合と同様に、問題行動が見られたらすぐに叱ることが大切です。時間が経過してから叱っても、問題行動と叱責との関係が弱くなり、部下の行動変容に結びつきません。

　また、叱る対象は部下ではなく、部下がとった「行動」です。部下そのものを叱ろうとすると、部下の人格攻撃に陥る恐れがあります。部下の行動や事実に対して、具体的なアドバイスを行うようにすれば、パワハラとなるリスクは回避できます。叱責は基本的に相互に信頼関係が構築できていないと逆効果になります。行動を変えることは、相手のメリットになるというメッセージを相手の立場に立って伝えることも重要です。

　部下を叱るときは、上司としての感情をストレートに表現しないことがポイントとなります。必ず感情と行動を切り離します。「遅刻したことは問題だが、前の仕事を10分早く切り上げることはできなかったのか」とか、「遅刻することで他のメンバーに迷惑を掛けたことは反省すべきだ。遅れる可能性がある場合は、事前に連絡したらどうか」といった表現で叱

■ モチベーションを下げない叱り方

- 叱責の対象は部下ではなく、部下がとった「行動」である
- 叱るときは感情をストレートに表現しない
- 叱った後のフォローも忘れない
- 部下の逃げ道を用意しておく
- 未熟な部下には、身近なたとえ話を使って考えさせる
- プライドの高い部下には、期待していることを強調する

責すると、本人の振り返りを促すことができます。

　なお、叱った後で、本人をフォローすることも重要です。叱っただけでは、一方的に突き放した格好になり、上司と部下との距離が広がり、修復が困難になります。

② 叱責は前向きな行動を促すことが目的

　叱責は部下に恥をかかせ、ネガティブな感情にするために行うのではありません。相手の年齢や立場によってはその場で叱責せず、また逃げ道を用意しておくことも必要となります。「顧客の要求が厳しくなってきているので」「会社として十分なサポートができなかったことも事実です」と責任を本人以外に帰属させることで、本人に言い訳の余地を与えます。「たくさんの仕事をお願いしていたので、私にも責任があります」といった上司の言葉で救われる部下もいます。

　未熟な部下や社会経験が浅い部下は、身近なたとえ話を使って考えさせると効果的です。プライドの高い部下には、「期待しているからあえて言う」「君のような優秀な人がどうしたのかと思っている」といった表現も有効です。

68 部下の能力差・年齢差が大きい場合の指導法

- 部下の能力差が大きい場合は、部下を一律に指導するのではなく、部下それぞれの状況に応じた指導を行うとよい
- 年齢差があり、部下の価値観や人生観と異なる場合は、部下の価値観等を尊重しつつ、会社の価値観に合わせて業務を行うよう指導する

1 部下の能力差が大きい職場

　部下の能力差が大きいので部下指導が難しいという管理職は、部下全員に一定水準以上のパフォーマンスを発揮してほしいと考えていることが多いです。通常は新入社員からシニアまで多様な成熟度（業務知識、技術、貢献意欲など）のメンバーが存在するため、部下を一律に指導するのではなく、部下それぞれの状況に応じた指導を行うのが適切です。

　部下の成熟度に合わせて上司のリーダーシップ・スタイルを変更する点では、SL（Situational Leadership）理論が参考になります。X軸に「タスク志向（部下の仕事への管理・介入の志向性）」、Y軸に「人間関係志向（部下との人間関係配慮の志向性）」を設定し、部下の成熟度に応じて四つのリーダーシップ・スタイルが示されています。

①**教示型リーダーシップ（成熟度の低い部下）**

　部下に具体的に指示を出し、行動を促します。タスク志向が高く、人間関係志向の低いリーダーシップ・スタイルで、新入社員レベルには有効です。

②**説得型リーダーシップ（やや成熟度の低い部下）**

　上司が自分の考え方を説明し、部下からの疑問に答える一方、部下に意

■ 部下の成熟度と指導スタイル

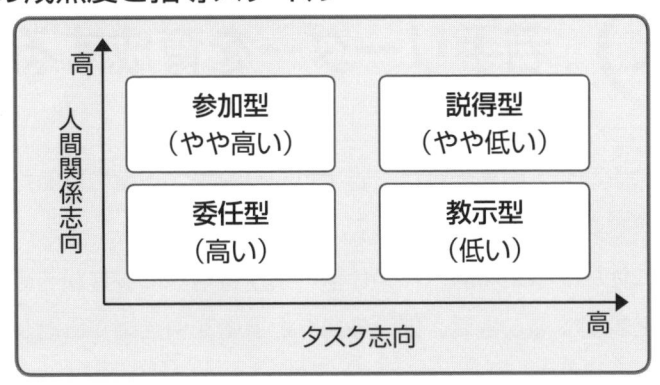

```
            ↑高
            人
            間  ┌──────────────┬──────────────┐
            関  │   参加型     │   説得型     │
            係  │  （やや高い）│  （やや低い）│
            志  ├──────────────┼──────────────┤
            向  │   委任型     │   教示型     │
                │   （高い）   │   （低い）   │
                └──────────────┴──────────────┘
                        タスク志向        →高
```

見を求め、考えさせます。タスク志向、人間関係志向がともに高いスタイルで、状況把握ができるようになってきた主任・係長クラスに有効です。

③**参加型リーダーシップ（やや成熟度の高い部下）**

　上司は部下の自主的な行動を促すために激励し、必要な環境整備をし、部下の意見も取り入れながら意思決定をします。タスク志向が低く、人間関係志向の高いスタイルで、業務に精通してきた中堅社員に有効です。

④**委任型リーダーシップ（成熟度の高い部下）**

　業務遂行上の権限や責任を委譲し、上司はなるべく管理を行いません。タスク志向、人間関係志向ともに低いリーダーシップ・スタイルで、上司よりも業務に詳しいベテラン社員に有効です。

② 年齢差が大きい場合の指導法

　年齢差が大きいということは、業務遂行における成熟度に差があるということで、基本的にはSL理論で対応すればよいでしょう。仮に個人の価値観や人生観が異なったとしても、あくまで会社の価値観で判断されるべきものであるため業務上の支障となることは少なく、むしろ個々人の価値観を、いかに会社の価値観に合わせるかが問題になることのほうが多いです。

69 若手リーダーを育成する方法

- 職場の上司や人事担当者は、若手リーダーが管理職になるための仕事経験を計画的にデザインしてやらねばならない
- 部下に仕事を与える際、この仕事の何が管理職につながる経験になるかを説明することで、部下の自覚と意欲を引き出すことができる

1 リーダーとは何か

「リーダーシップ研修」「職場リーダー」「次世代リーダー」など、「リーダー」という言葉が氾濫していますが、その定義は人によってさまざまです。リーダー育成といった場合でも、トップマネジメントを育成するのと、中間管理職を育成するのでは、育成プロセスや手段が大きく異なります。最近は早期選抜や一皮むける経験の付与など、トップマネジメント育成が大きなテーマとなってきています。

2 若手リーダーの選び方

ここでは近い将来の管理職、さらにはその先の経営幹部を目指す、一般的な若手リーダーの育成について説明します。若手リーダーといっても、誰もがなれるものではありません。また、若手リーダーに選ばれたからといって管理職になれるわけでもありません。ポストが限定されるので、選抜が前提となります。

そう考えると、想定されるポストの数から若手リーダーとしてプールし

■ リーダーの人材プール

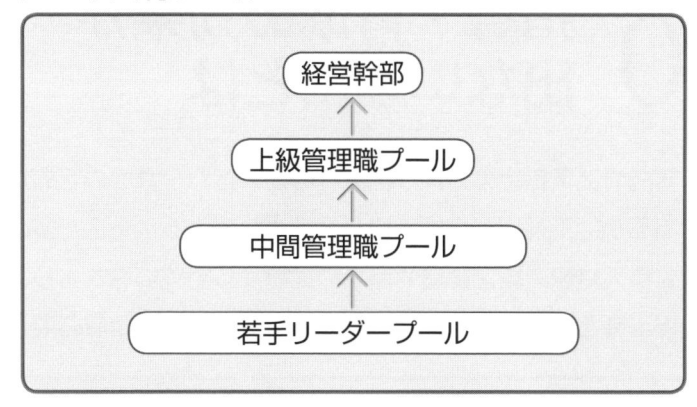

```
┌─────────────────────────┐
│        経営幹部          │
│          ↑              │
│    上級管理職プール       │
│          ↑              │
│    中間管理職プール       │
│          ↑              │
│    若手リーダープール     │
└─────────────────────────┘
```

ておくべき人数が決まります。管理職になれるのは若手リーダーの人材プールからであり、生産管理、設計、営業などの機能（ファンクションまたはバリューチェーン）ごとに一定数を確保しておく必要があります。

　若手リーダーは、管理職選抜が始まるまでの数年間の猶予の中で、管理職になるための準備を行います。職場の上司や人事担当者は、そのための仕事経験を計画的にデザインしてやらなければなりません。

③ 若手リーダーの育成

　若手リーダーに対しては、次のステップである管理職に必要な知識・スキルを身につけさせる仕事経験を与えることになりますが、そのためには、管理職に必要な知識・スキルを洗い出すことから始めます。

　部下に仕事を与える際に、この仕事の何が管理職につながる経験になるかを説明することで、部下の自覚と意欲を引き出すことができます。

　最終的には、ヒューマンアセスメントや人事評価の結果を総合考慮して、管理職として必要な知識・スキルを身につけたか否かを評価し、管理職に昇格させる者を選抜します。

70 指導・育成の効果が出ない理由とは

- 人材育成や部下指導の効果が出ないのは、指導・育成の目的が不明確であるか、不適切な育成手段が選択されているケースが多い
- 育成する人材像を経営課題や職場の課題から明確に導き出し、人材育成担当者と管理職が一体となって人材育成に取り組む必要がある

1　指導・育成の効果が出ない理由

　人材育成や部下指導を行っても、育成効果が見られないというケースでは、そもそも指導・育成の目的が明確になっていない、もしくは不適切な育成手段が選択されていることが多いです。

　経済のグローバル化に対応したグローバル人材を育成するというのは、今やどの企業でも重要なテーマとなっています。しかしながら、そもそもグローバル人材がどのような人材であるかが、明確に定義されているでしょうか。どういった経営課題を解決するために育成しようとしているのか（ゴールイメージ）、求められるスペックは何か（現状とのギャップ）など、曖昧な点があると、人材育成を進めても効果は出ません。

2　指導・育成目的を明確にする

　人材育成・指導の効果を上げるには、育成する人材像を経営課題や職場の課題から明確に導き出せているか否かがポイントとなります。人材育成の効果が出ない会社では、この部分の検討が不十分なままで研修を企画

■ 指導・育成の目的の明確化

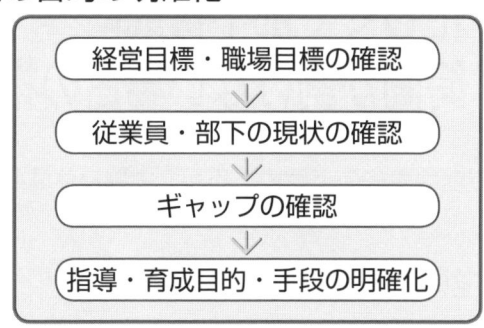

```
┌──────────────────────┐
│  経営目標・職場目標の確認  │
└──────────┬───────────┘
           ↓
┌──────────────────────┐
│  従業員・部下の現状の確認  │
└──────────┬───────────┘
           ↓
┌──────────────────────┐
│      ギャップの確認       │
└──────────┬───────────┘
           ↓
┌──────────────────────────┐
│ 指導・育成目的・手段の明確化 │
└──────────────────────────┘
```

し、安易に制度変更をしている懸念があります。

例えば、クライアントに対して、何らかのソリューションを提供している会社の中には、従業員のプレゼンテーション力向上を育成目的にしている会社があります。確かにプレゼンテーション力もソリューション提案には必要でしょうが、この力があれば、顧客の問題解決ができるかというと、そうではありません。むしろ、提供しているサービスにおける問題解決力がある人材を育成するほうが、優先度は高いはずです。

人事部門の人材育成担当者は、経営企画部門や第一線の現場に出掛けて行って、課題をヒアリングして人材育成方針に反映させなければなりませんし、現場の管理職は、現場の実態を人材育成担当者に示す必要があります。

③ 育成手段の明確化

人材育成の目的が明確になると、育成手段もおのずと明確になります。育成手段については現場の管理職が一番よく分かっているはずであり、現場の管理職が考えねばならないことでもあります。育成手段は研修であったり、OJTであったり、権限委譲や評価制度の変更であったりさまざまです。あらゆる手段を想定して、従業員や部下の育成を図るようにしましょう。

71 忙しくて部下育成に時間が割けない場合の指導法とは

- 部下の指導責任は直属の上司にあるが、指導自体は必ずしも上司が直接行う必要はない
- 業務多忙で十分な部下指導ができない場合は、その代替となるサポート資源を提供しなければならない

① 部下の指導は上司の仕事

　業務多忙を口実に、部下指導で手抜きをする管理職がいます。また、管理職のうち一定割合は、自分に指導するだけの知識・スキルがないから指導できないと考えています。そのような管理職の下で働いている部下は、上司から十分なサポートを受けることができず、仕事を丸投げされていると感じているのが一般的で、仕事に対する充実感が低下しがちです。

　部下指導は上司の仕事であり、通常はOJTとして業務に関連させて指導がなされています。指導をしないで仕事だけを部下に割り振るのでは、単なる手配師にすぎません。業務多忙で十分な指導ができない場合は、その代替となるものを提供しなければなりません。

　つまり、部下に仕事を割り振る場合には、その仕事とともに、部下へのサポート資源も同時に割り振る必要があるということです。

② 利用可能なサポート資源を総動員して指導する

　部下の指導責任は直属の上司にありますが、指導自体は必ずしも上司が

■ サポート資源を総動員して指導する

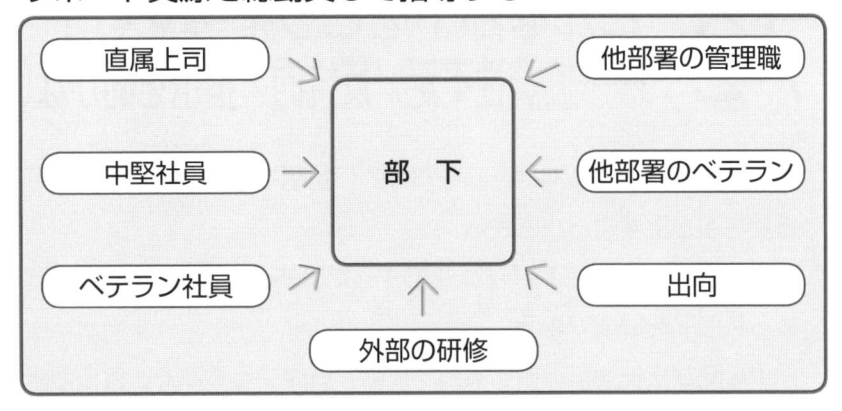

```
直属上司  →         ←  他部署の管理職
中堅社員  →  部 下  ←  他部署のベテラン
ベテラン社員 →     ←  出向
          ↑
       外部の研修
```

直接行う必要はありません。例えば、部下の知識不足が課題となっていれば、外部の研修に参加させるという選択肢もあり得ます。また、新入社員であれば、部下の中の主任クラスを指名して、教育担当とすることも可能です。中堅クラスに対する指導も同様で、ベテランの部下を指名して指導に当たらせればよいでしょう。状況が許せば、他社に出向させて勉強させる手もあります。

　部下の指導を、すべて上司が抱え込もうとするから問題が生じるのです。特にプレイング・マネージャーの場合は、自分の業務を担当しながら管理業務もこなさなければならないので、部下の教育までは手が回りません。

　自らの部署のマンパワーでは不十分な場合は、他部署のベテランメンバーや管理職を活用して指導させることも必要です。つまり、利用可能な人的資源のすべてを使って、全員参加で部下を育成するということです。もちろん、そのための部署間調整は、上司が行う必要があります。

72 こんな部下をどう指導する？
── 協調性不足／反抗的／指示を聞かない

- 上司が部下に対する期待行動を具体的に説明することで、協調的な行動を引き出すことができる
- 部下に承認とフィードバックをできるだけ多く与えることで、"認められ感"を醸成できる
- 指示を聞かず拙速に行動する部下には、質問することで、自らの未熟さに気づかせる

1 協調性が不足する部下の指導

　協調性が不足する部下がいる場合、まず、現状のパフォーマンスを確認することが必要です。協調性が不足する部下は、それだけで低評価とされがちですが、成果が出ているのであれば、それなりの評価は必要です。

　次に、協調性が不足することで、どのような支障が出ているのかを確認します。支障が出ている具体的場面・内容を踏まえた上で、部下本人と面談し、上司としての期待行動を具体的に説明するとよいでしょう。チームに対する貢献意欲がゼロという従業員は、まずいません。どういう場面でどういう役割を果たせばよいかが、自分では分からないだけかもしれません。

2 反抗的な部下への指導

　上司に反抗的な部下は、反抗することで上司やメンバーに自分を認めてもらいたいと思っていることが多いです。このタイプの部下には、承認とフィ

■ 協調性が不足する部下への指導

```
┌─────────────────┐      ┌─────────────────────┐
│ パフォーマンスの確認 │      │   面談・改善指導    │
│ 業務上の支障の確認  │  →   │ ●具体的な問題行動を特定 │
│                 │      │ ●業務上の支障を説明    │
│                 │      │ ●期待する役割行動を説明 │
└─────────────────┘      └─────────────────────┘
```

　ードバックをできるだけ多くするよう心掛けるとよいでしょう。反抗的だった部下が、職場リーダーに変容することも多くあります。「君は十分、力がある。私もそれは認めている。今後はメンバーの見本となるよう頑張ってくれ」といったフィードバックを行うことで、変わる可能性があります。

　反抗的な部下は使いづらいため、今までの上司も重要な役割を与えてこなかった可能性があります。そのため、職場内でも浮いた存在となり、ますます反抗的になっている懸念もありますが、本人の問題意識を丁寧に聞き、後輩指導や職場環境改善など何らかの役割を与えてあげると、生き生きと働くことがあります。

　重要なのは、上司が部下の可能性を強く信じることです。部下に本気で期待し続けることで、部下も上司の期待に応えようと変わっていきます。

③ 指示を聞かずに、拙速に動く部下の指導

　熟達した部下であれば、事細かに内容説明や指示を受けなくとも全体像を把握できますが、新人等ではそうはいきません。拙速に動く理由はさまざまですが、上司から細かく指示されることで、自分が未熟者扱いされていると感じている場合があります。

　この場合は、指示の仕方を一方的な説明だけでなく、部下の意見聴取や質問を交えたものに変えてみるとよいでしょう。質問によって、部下自身が理解不足であることに気づき、指示をよく聞くようになるはずです。

73 こんな部下をどう指導する？
——報告・連絡・相談が少ない／報告内容が不十分

- 報告・連絡・相談（以下、報・連・相）不足は、部下の個性や背景事情を勘案しなければ適切な指導はできない
- 上司は、事前に報告してもらいたい内容を明示することで、適切な報告を受けることができる。チェックリストやフォーマットの活用も検討したい

① 報・連・相が不足する部下への指導

　報・連・相は社会人の常識として、新入社員研修等で徹底されていますが、実際はできていない部下が多くいます（234ページ参照）。しかし、報・連・相をまったくしない部下はいないはずで、あくまでも頻度とタイミングの問題です。

　報・連・相が不足している場合は、部下の個性や背景事情を勘案しなければ適切な指導はできません。仕事を抱え込む傾向にある部下は、おおむね報・連・相が苦手です。目先の仕事に没頭するために余裕がないからで、忙しく飛び回っている部下ほど、上司から「あいつは、どこに行っているかさっぱり分からん」と低い評価を下されることが多くあります。

　また、報・連・相をすることで、上司から毎回厳しい叱責を受けるような場合も、報・連・相が少なくなります。このように報・連・相が不足する背景には、本人要因以外の環境要因が影響している場合もあります。報告の仕方が決められており、報告書の作成に時間がかかる場合も、報告が遅くなります。報告という行為の優先順位が、下がるからです。

■ 報告の要件を定める

- 報告の内容（誰に・何を）
- 報告の頻度
- 報告の形式（チェックリスト・フォーマット）
- 報告が必要な異常発生時（進捗が3日以上遅れたときなど）

　報・連・相が不足する部下については、その重要性をいくら口酸っぱく説明しても効果はありません。部下の背景事情や環境要因等を見定めることが、問題解決の早道です。

② 不十分な報告への対応

　部下の報告が不十分で、イライラしている上司は多いですが、実際にどのような報告を部下に求めているかを明示している上司は少ないでしょう。期待する報告内容を示さないで、報告が不十分であるというのは、むしろ上司の怠慢といえます。

　報告については、報告の内容、頻度、形式等を事前に部下に示し、部下の承認をとっておくことが大切です。重要な業務については、上司として確認しておきたい項目をあらかじめチェックリストに示しておくことも有効です。そこには上司がチェックしたい項目だけでなく、「経費が5％以上オーバーする見込みが立ったとき」のように、上司に報告すべき時期についても記載しておくと、問題が発生する前に手が打てます。チェックリストを活用することで報告事項や事前に部下が検討しておくべき事項が明らかになり、ヌケやモレがなくなります。報告自体も短時間で済みます。

　また、定期的な報告事項については、フォーマットを決めて報告させることが効果的です。同じフォーマットであれば、チェックすべき点が毎回同じですので理解が容易で、部下への指示も出しやすくなります。

74 こんな部下をどう指導する？
——段取り不足／時間にルーズ

- 仕事の段取りが悪い部下には、実際の仕事をベースに、段取りのよい仕事のやり方を上司がアドバイスする
- 時間にルーズな部下には、余裕時間の取り方などを指導することで、改善が期待できる

1 段取り不足の部下を指導するには

　仕事の段取りが悪く、ヌケ・モレが発生し、能率が上がらない部下がいます。このような部下は、仕事全体を見通す能力である「全体感」が弱いといえます。全体感がある部下は、仕事を与えられてもすぐには取り掛かりません。やるべき業務をさらに細かなタスクレベル（ある程度意味のある仕事の塊）にまで落とし込んでヌケ・モレがないかを確認し、タスクごとに優先順位をつけて処理する順番をおおまかに決め、実際に仕事を進めながら全体の段取りを再調整するので、仕事の能率が高くなるのです。

　段取りが悪い部下に共通する点は、スケジューリングが不得手なことです。試しに1週間のスケジュールを作らせ、上司がチェックするとよいでしょう。重要度と緊急度を考えてスケジュールを組んでいるか、スケジュールの余裕度（全体の3割程度は予定がない予備時間とするのが望ましい）は適切か、作業時間の算定根拠は明確であるかなどをチェックします。作業予定の遅れ、急な仕事が入った場合でも柔軟にスケジュールを組み直せるようになっているかという視点で、上司は、段取りのよい仕事の進め方をアドバイスする必要があります。

■ 仕事をタスクレベルにブレークダウンする

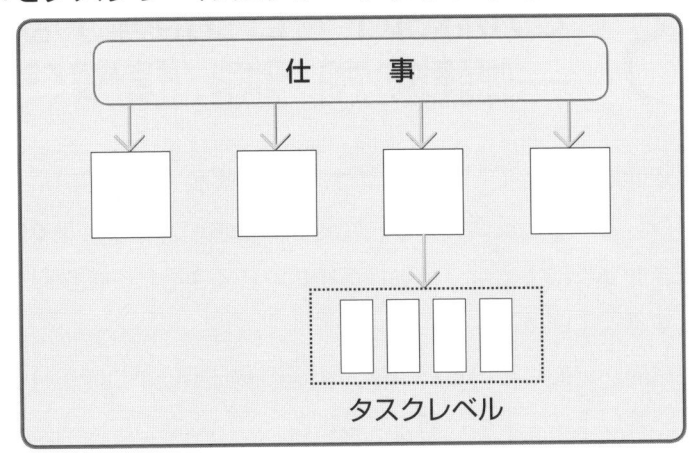

```
┌─────────────────────────────────┐
│         仕    事                │
│   ↓     ↓     ↓     ↓           │
│  □     □     □     □           │
│              ↓                  │
│         ┌─────────┐             │
│         │▯ ▯ ▯ ▯│             │
│         └─────────┘             │
│          タスクレベル            │
└─────────────────────────────────┘
```

② 時間にルーズな部下を指導するには

　時間にルーズな部下と、時間に厳格な部下とを比べると、行動が異なることが分かります。時間にルーズな部下は、集合時間から逆算して出発時刻を決めます。例えば、午前10時に現地集合の場合、仮に40分移動時間がかかるとすると、9時20分に出発したらよいと考えるため、出発時刻が遅れると、その分だけ遅刻することになります。突然の電話や仕事の後処理などで出発時刻が遅れることが多いことを、見込む必要があります。

　一方、時間に厳格な部下は、現地での余裕時間（バッファ時間）を見積もり、出発時刻を決めます。午前10時集合であれば、余裕をみて9時40分には到着しておこうと考えます。9時40分から逆算すると9時に出発すればよいことになり、多少出発が遅れても十分間に合います。バッファ時間は出発地点ではなく、到着地点側で確保しておくことがポイントです。

　このように、部下の行動パターンを変えさせるだけで、ルーズな部下の問題は解決することが多いです。集合時間だけでなく、通常の業務でもバッファ時間をみておくことで、スケジューリングがうまくいくでしょう。

75 こんな部下をどう指導する？
——問題意識の欠如／手抜き／仕事が遅くミス連発

- 問題意識が欠如している部下には、「この仕事で外せないポイントは何か」といった質問により、問題意識を喚起することができる
- 手抜きをする部下には、行動が可視化できるようにモニタリングを強化するとよい
- 問題意識が欠如している部下は、仕事の優先順位がつけられず、また、必要以上に丁寧に仕事をすることで、いたずらに時間を費やす傾向があるため、上司の介入が必要

① 問題意識が欠如している部下の指導

　上司から言われたことに対し、「おっしゃるとおりです」とそのまま受け入れる部下は、問題意識が欠如している傾向が強いといえます。このタイプの部下は、上司から言われたことをやったのだから、うまくいかなくても仕方ないと考えがちです。そういう点では、無責任でもあります。

　問題意識が欠如している部下には、「この仕事で外せないポイントは何か」「この業務の目的と要求水準を説明してくれ」「この業務の評価指標は何か」といった質問をすることで、問題意識を鮮明にするとよいでしょう。

② 手抜きをする部下の指導

　集団で作業を行うと、それだけ1人の責任が希薄になり、手抜きが起こりやすくなります。これを「社会的手抜き」(リンゲルマン効果) といい、

■ 仮説構築力と問題意識

```
仮説を構築する
●この仕事の目的は？
●この仕事の完成イメージは？        問題意識が高まる
●この仕事の要求水準は？        →
●外せないポイントは？
●この仕事の評価指標は？
```

　いわゆる「ぶら下がり社員」は、この現象で説明できます。
　手抜きをする部下は、上司の見えない所で手を抜くので、行動が可視化できるように工夫するとよいでしょう。例えば、毎朝部下に、本日の担当業務の予定と時間配分を説明させると、仕事が少なく、手持ち無沙汰となっている部下が分かり、他のメンバーのフォローなどに有効活用できます。

③ 仕事が遅く、ミスが多い部下の指導

　処理能力が低いので仕事が遅い、注意力が散漫だからミスが多いという部下は、簡単には指導・改善できません。ただし、仕事が遅い理由が、優先順位の低い仕事まで含めてやっている、要求されるレベル以上のアウトプット（過剰品質）となっている、といったケースでは、改善の余地があります。
　合理的な部下は、上司や顧客から期待される水準以上は仕事をしません。優先順位も私情を交えずに設定し、テキパキと仕事をこなし定時には帰宅します。一方、職人気質の部下や問題意識が欠如している部下は、仕事の優先順位がつけられず、また、必要以上に丁寧に仕事をすることで、いたずらに時間を費やす傾向があります。このような場合では、各タスクのゴールイメージ（質・量）と納期を明示するなどの上司の介入が必要です。

76 こんな部下をどう指導する？
──指示待ち／仕事の固執・えり好み

- 指示待ち部下には、指示を受ける前に自発的に行動するほうが得になる経験をさせることで、態度変容を促すことができる
- 仕事に固執する部下は、過去の失敗経験を引きずり、新たな仕事へのチャレンジに臆病になっている可能性がある。小さな成功体験を積ませて自己効力感を高めるとよい

1 指示待ち部下に対する指導

　指示待ち部下は、上司が指示を出してから動けばよいというマインドを持っています。指示を受ける前に積極的に動くことで、損をした経験を持つ可能性もあります。人は過去の経験によって、行動を起こそうとする意欲が強まったり（強化）、逆に弱まったり（弱化）することが知られています。

　このような部下に対しては、指示を受ける前に行動することで得をする、という体験を数多くさせて、自発的な行動を強化する必要があります。まず、上司が自発的な行動を部下に期待していることをミーティング等で説明し、その具体的な行動も例として挙げれば、部下は上司の期待行動がイメージしやすくなり、何らかの主体的行動を起こす可能性が高まります。

　部下が少しでも主体性を発揮した行動を見せた場合は、即座にプラスのフィードバックを行います。「頑張っているな」「えらいぞ！」といった声掛けでもよいでしょう。上司が高く評価していることが伝わればよいのです。やがて部下の主体的な行動が増えていき、指示待ち人間から脱却できるようになります。

■ 部下の行動が強化・弱化される仕組み

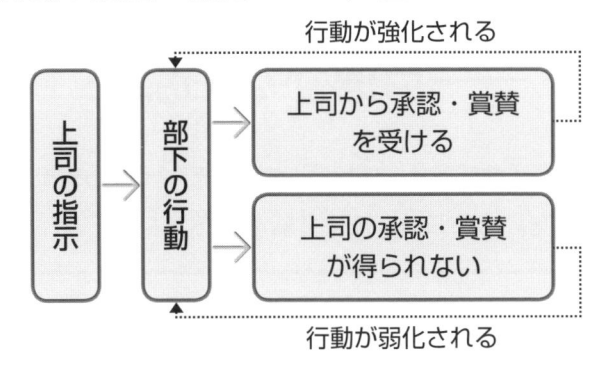

```
                           行動が強化される
                    ┌─────────────────────────┐
                    ↓                         ┊
  ┌─────┐   ┌─────┐   ┌──────────────┐        ┊
  │上司の│→│部下の│→│上司から承認・賞賛│┄┄┄┄┄┘
  │ 指示 │   │ 行動 │   │   を受ける   │
  └─────┘   └─────┘   └──────────────┘
              ↑  │    ┌──────────────┐
              ┊  └→│上司の承認・賞賛│┄┄┄┄┄┐
              ┊      │  が得られない │        ┊
              ┊      └──────────────┘        ↓
              └─────────────────────────┘
                           行動が弱化される
```

② 仕事の固執・えり好みへの指導

　自分の殻に閉じこもりがちな部下もいます。上司から新たな仕事を提示されても拒否し、かたくなに従前からの仕事に固執する部下も、過去の経験が影響していることが多いものです。新たな仕事にチャレンジしたことで失敗し、恥をかいた経験は誰にでもありますが、ある程度の年齢以上になると、恥をかくことに臆病になり、一歩前に踏み出せなくなります。プライドが邪魔をするのです。また、若年者でも、これまでの経験等によっては、傷つきやすく臆病になっている者もいます。このようなタイプの部下も、小さな成功体験を積み重ねていくうちに、自己効力感（Self-Efficacy）が高まり、主体的に行動するようになるでしょう。

　一方で、社内的に目立つ仕事、成果の出やすい仕事ばかりをえり好みする者もいます。このタイプの部下は、多くの場合、仕事を抱え込み過ぎて破綻するか、手間のかかる仕事をメンバーに押し付けるようになり、社内的に浮いた存在になります。上司は日頃から仕事ぶりをチェックし、注意・指導することはもちろんですが、社内に協力者がいなくなり孤立無援の状況になった際には、介入し、本人にその理由を考えさせ、態度変容を促す指導を行うとよいでしょう。

77 こんな部下をどう指導する？ ——自信がない部下

- 自信がない部下は「自分には無理」と思っているから行動が起きない
- 自己効力感を高めるには、成功体験を積み重ねることが必要

① 自信がない部下の特徴

　何をするにも自信がなく、新しい仕事に取り組む意欲が低い部下は、自己効力感が低い場合が多いです。自己効力感とは自分に対する信頼感や有能感のことをいい、高いと「自分にはできる。だからやろう」という気持ちになれますが、低いと「自分には無理。だからやらない」ということになります。

　自己効力感の高い部下は、何事に対してもポジティブで活動的なので、結果的に成功する確率が高まり、その成功がさらに自己効力感を高めるので、ますますやる気が出てきます。自己効力感が低いと、自分の成功の可能性が信じられないため、結局失敗する確率が高まり、負のスパイラルに陥ってしまうことから、あまりに失敗が続くと、自分は無能だという極端な考え方が刷り込まれ、何もやる気が起きなくなります（学習性無力感という）。

② 自信がない部下への対応

　自己効力感を高めるには、基本的には成功体験を積み重ねることが必要です。成功体験によって、自分に対する負の認知を上書きすることで、自信を取り戻すのです。そのためには、部下自身に目標を立てさせ、小さな成功体験を計画的に積み重ねること（スモールステップという）で（ある

■ 自信がない部下の負のスパイラル

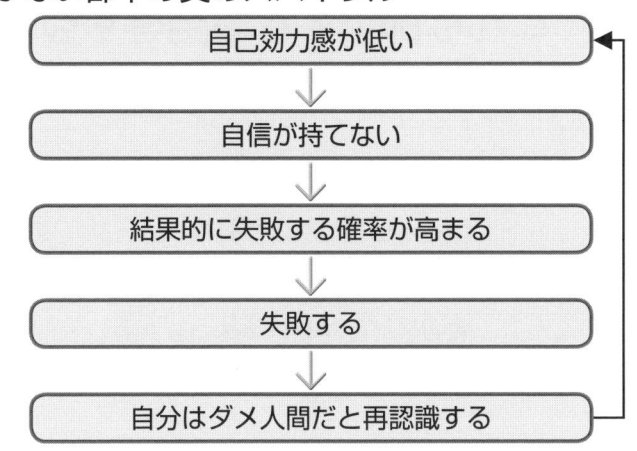

```
自己効力感が低い
    ↓
自信が持てない
    ↓
結果的に失敗する確率が高まる
    ↓
失敗する
    ↓
自分はダメ人間だと再認識する
```
（矢印は「自分はダメ人間だと再認識する」から「自己効力感が低い」へループ）

いは評価してあげて）、達成感を味わわせるのがよいでしょう。

　成功している他者に注目させて、「自分もできる」と感じさせる「代理経験」も有効です。この場合、部下とよく似た状況（能力、環境、年齢など）にある者を選定します。成功している他者をモデルとして、その行動をまねることで、達成方法などを学ぶこと（モデリングという）も有益です。

③ 言葉によるフィードバックで自己効力感を高める

　上司など指導的立場にある者からの言葉によるフィードバック（言語的説得という）も有効です。フィードバックは、部下に少しでも進歩・改善が見られたらすぐに行うようにします。上司の褒め言葉の積み重ねが部下自身の自己評価を上げ、自己効力感を高めることができます。

　この場合、成功の原因を部下の能力や才能、努力に帰属させてフィードバックすることがポイントです。特に能力や才能に原因帰属させると、自己効力感を高める上で効果的ですが、運や経済環境、他者のサポートに成功原因を帰属させてフィードバックしても、自己効力感は高まりません。

78 こんな部下をどう指導する？
――気づきがない／すぐ落ち込む

- ものの見方（認知の枠組み）によって、事実の受けとめ方が変わる。受けとめ方が変わると部下の反応が変わり、行動が変わる
- 気づきがない部下、すぐに落ち込んでしまう部下は、認知の枠組みを修正することで、適切な対応がとれるようにする

① 気づきがない部下への対応

　いくら注意をしても事の重大性を理解しない、何度も同じ過ちをする、あるいは「自分の立場や役割を分かっていないのではないのか」と周囲が疑問を呈するような部下もいます。このような部下は、事実をいくら示して叱責しても無駄です。事実を見るフレームワーク（認知の枠組み）が違うので、上司と同じ事実を見ていても本人の解釈は異なります。多様な視点から事実を捉え直し、部下のフレームワークを修正することで改善が見込めます。

　具体的には、問題となった出来事ごとに「本人が認識している状況」「それに対する本人の意見・感情」「本人のとった行動とその結果」を書かせることで、部下自身も自分の認識のズレに気づくことができます。さらに上司は、それを基に本人と話し合うことで指導効果を上げることができます。

② すぐ落ち込む部下への対応

　失敗したらすぐ落ち込む部下も、物の見方を修正することで改善できます。具体的には、成功や失敗した原因をどう考えるかという認知の枠組み

■ 失敗の原因の帰属先と自己効力感の変化

失敗の原因の帰属先	変わらないこと（安定要素）	変わり得ること（不安定要素）
本人に原因があるもの（内的要素）	能力	努力
本人以外に原因があるもの（外的要素）	課題の難易度	運

↓

自己効力感の変化	変わらないこと（安定要素）	変わり得ること（不安定要素）
本人に原因があるもの（内的要素）	次回もダメだろう	次回はがんばろう
本人以外に原因があるもの（外的要素）	失敗は俺のせいではない	たまたま運が悪かっただけ

を修正すればよいでしょう。

　成功・失敗に影響を与える主要な原因としては、「能力」「課題の難易度」「運」「努力」の四つがあります。また、それらは内的なもの（本人に原因があるもの。「能力」と「努力」）と外的なもの（本人以外に原因があるもの。「課題の難易度」と「運」）に分けられます。さらに上記の四つの原因は、安定性（次回も同じ結果となる）という点でも分類できます。

　仮に、失敗の原因を内的で安定した「能力」に求めてしまうと、「やっぱり能力が低いから失敗したのだ。次回も同じだ」と落胆が大きくなります。失敗してもその原因を「運」や「努力」不足に求めたほうが落ち込まずに済みますが、失敗原因を「運」に求めてしまうと、部下の成長はありません。成長のためには、失敗は「努力」不足に求めるべきです。

　このように、すぐ落ち込む部下に対しては、プロセスを振り返らせて、どういった努力が足りなかったかという視点で指導するとよいでしょう。

79 こんな部下をどう指導する？
——成績のよくない社員・職場に適合しない社員

- 成績のよくない社員は一定割合で発生する。成績のよくない社員を排除しても、また発生するだけである
- 職場に適合しない一部の社員についても上司の部下指導を通じて改善を図るが、成績改善プログラム（PIP）を実施することもある

1 成績のよくない社員と、職場に適合しない社員

　成績のよくない社員は、どこの職場にも存在します。組織の中の人材の分布に関しては、「２：８の法則」や「２：６：２の法則」がよく知られています。２：８の法則とは、組織の大部分の成果は上位２割の者の貢献によってもたらされ、残り８割の者はそこそこ働いているだけというものです（パレートの法則という）。２：６：２の法則によると、組織の中の勤勉で優秀な人材は２割しか存在せず、６割は普通に働く社員、残り２割は怠けて働かないといわれています。

　「ピーターの無能の法則」も有名です。階層社会では優秀な人材は昇進を重ねていきますが、やがて能力の限界（無能のレベル）に達したところで昇進がストップするので、無能な係長、無能な課長、無能な部長ばかりになるというものです。確かに優秀な課長は部長に昇進できますが、課長として無能な者は課長止まりとなり、無能な課長として残留します。

　組織には成績のよくない者や無能な管理職は一定割合で必ず出現するので、いかんともしがたいですが、中には上司がいくら指導しても態度を改めない者や、会社が求めているパフォーマンス水準を大きく下回る成果し

■ 2：6：2の法則

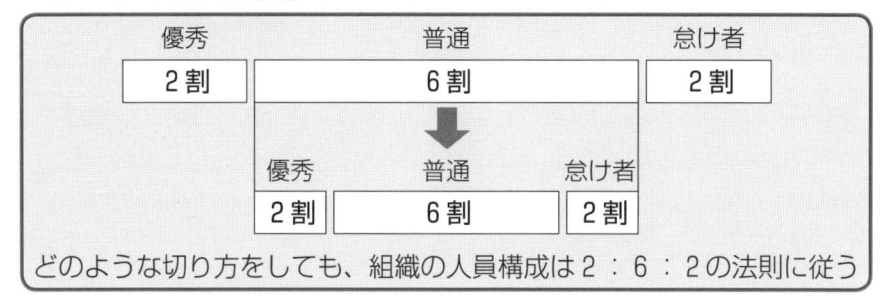

優秀	普通	怠け者
2割	6割	2割

↓

優秀	普通	怠け者
2割	6割	2割

どのような切り方をしても、組織の人員構成は2：6：2の法則に従う

か出せない者もいます。このような職場に適合しない社員でも、基本的には上司の部下指導を通じて改善を図ることになります。

② 職場に適合しない社員の改善プログラム

　問題を多数抱える、職場に適合しない一部の社員については、PIP（業績改善プログラム、Performance Improvement Program）が実施されることがあります。PIPは、外資系企業によくみられ、プログラム実施期間中にパフォーマンスの改善が見込めない場合は、配置転換・退職となることを労使合意の上で行う厳しいものです。このプログラムは能力開発機会の提供など、会社（主に人事部）と上司が一緒になって部下のパフォーマンス改善に取り組むところに意義があります。

　PIPでは、現状の部下の能力水準をベースに、改善目標と期間（数カ月）を設定します。現状の能力水準をはるかに超えた目標を設定することは退職ありきのPIPになってしまうため、不適切です。担当業務に必要な本来あるべき目標水準を勘案しながら、当面は現実妥当な改善目標とすることが肝要です。PIPの実施期間中は、2週間に一度は上司、人事を交えて面談を行い、進捗状況の確認とさらなる改善の促しを行います。キャリアカウンセラーによる振り返りの機会を設けることも有益です。

人事評価の進め方

80 人事評価の目的と評価する者の心構え

- 人事評価は人材マネジメントシステムの要であり、①適材適所の配置、②処遇、③人材育成など広い意味での人材活用を目的とする
- 評価者は常に自分の評価にバイアスがかかっていることを意識する

① 人事評価は人材マネジメントシステムの要

　人事評価制度は、資格等級制度の運用に不可欠であるだけでなく、人事評価の結果が賃金等の処遇やさらなる能力開発、人材活用（人事異動等）に直接結び付くという点で、非常に重要です。

　人事評価は、人事考課、人事査定と呼ばれることもあります。人事考課は人事査定とほぼ同義で、一定の基準に照らして人材の能力や成果等を評価し優劣をつけ、評価の結果を総合して処遇（賞与・昇給・昇格）に反映させる一連の手続きをいいます。本来、人事評価とは、人事考課の手続きの一つで、企業ごとに設定された評価項目に沿って、部下の職務遂行を観察・記録し、部下の能力や成果を明らかにすることをいいますが、成果主義の導入において評価が重視されるようになったことや、考課・査定といった権威主義的な語感が敬遠される傾向もあって、最近では人事考課の意味で、人事評価という言葉が使われるのが一般的になっています。

② 人事評価の目的には三つある

　人事評価の目的は、大きく分けて三つあります。一つは、評価に基づい

■ 人事評価制度の位置づけ

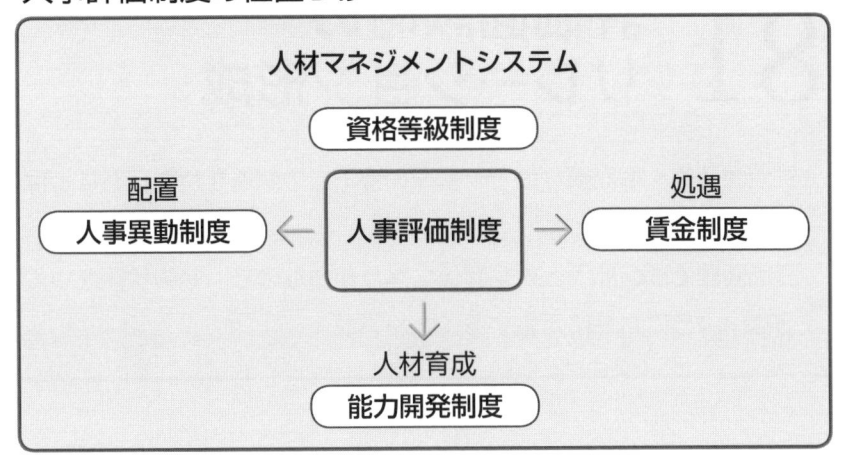

```
人材マネジメントシステム
              ┌─────────────┐
              │  資格等級制度  │
              └─────────────┘
  配置                           処遇
┌──────────┐   ┌──────────┐   ┌──────────┐
│ 人事異動制度 │ ← │ 人事評価制度 │ → │  賃金制度  │
└──────────┘   └──────────┘   └──────────┘
                    ↓
                  人材育成
              ┌─────────────┐
              │  能力開発制度  │
              └─────────────┘
```

て適材適所の配置を行うことです。二つ目は、評価結果を昇進・昇格や賃金などの処遇に反映させることです。この機能を指して「人事査定」と呼ぶことがあります。三つ目は、評価を通じて本人を動機づけし、評価結果に基づいた能力開発の実施など人材育成につなげることです。人事評価というと、昇給やボーナスの支給といった賃金原資の分配面がクローズアップされがちですが、広い意味での人材活用が人事評価の大きな目的です。

③ 評価する者の心構え

　評価が公平・公正に行われることが評価制度の前提にあります。しかし、評価の対象となる本人の行動や事実の収集・選択に評価者の主観が入り込む余地があるため、現実にはそうはうまくいきません。また、客観的な評価基準（評価要素とレベル尺度）をつくって、それに基づいて評価を行ったとしても、評価者も感情を持つ人間であるがゆえに、評価にバイアスがかかることは避けられません。評価者は常に自分の評価にバイアスがかかっていることを意識して、評価しなければなりません。

81 評価面談時のリレーション形成

- 評価面談は人事面談なので、普段の部下との関係を持ち込むことは不適切である
- 評価面談では、部下と対立関係になりがちなので、緊張状態をつくらないように冷静に対応することが必要

① 評価面談時の心構えと準備

　評価面談に、上司と部下との普段の関係をそのまま持ち込むことは不適切です。評価面談は人事面談の一つなので、たとえ普段は家族のように接している部下であっても、人事面談のときは、襟を正して対応します。

　また、普段呼び捨てにしている部下に対しても、せめて面談の導入部分は、さんづけ（君づけ）で名前を呼び、敬語を使うことが望ましいでしょう。人事面談の席での上司は身近な先輩ではなく、「会社側の人間」に切り替わります。これは、リストラの場合の上司面談と同じです。リストラ面談では部下に対して、これまでの評価を伝え、今後の処遇（退職、異動）について話し合いをします。評価面談では、評価対象期間の評価を伝え、その結果は処遇（賞与・昇給や昇格）に反映されます。どれも構図は同じです。

　面談に先立って、部下のこれまでの人事考課記録と勤怠記録を用意しておきましょう。評価を伝えるときに、客観的なデータは補強材料となります。関連部署の管理職から、部下の評価について事前に聞いておくことも重要です。

■ 評価面談のフロー

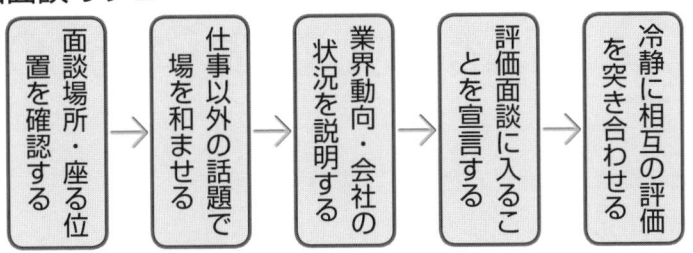

面談場所・座る位置を確認する → 仕事以外の話題で場を和ませる → 業界動向・会社の状況を説明する → 評価面談に入ることを宣言する → 冷静に相互の評価を突き合わせる

② 面談時の座り方、切り出し方、話の進め方

　評価面談では、部下と正対するのを避け、斜め前に座るか、90度の角度で横に座ると緊張が和らぎます。なお、上司と部下で目標達成度の擦り合わせをしない場合や、上司評価を一方的に伝えて今後の対応を指導するだけであれば、正対しても問題はありません。

　面談では上司が先に室内に入り、部下を招き入れます。面談では、いきなり評価の話をしないのが無難です。まず、仕事とは無関係な話から入り、徐々に中核となる仕事の話題に進めて行くとよいでしょう。例えば、季節の話、趣味の話などから入り、業界動向や会社・部署の状況について説明します。部署の状況を説明する中で、部下に対するねぎらいの言葉を入れると、部下と打ちとけやすくなります。この前段の部分は5分程度で切り上げます。

　部下の評価について切り出すときは、少し姿勢を正して、「これより具体的な評価面談に入ります」と宣言し、淡々と評価事実と部下評価、上司評価を突き合わせていきます。

　部下が感情的になったり、上司の責任を追及するようなスタンスをとってきても、表情を変えず冷静に対応することです。トラブルになりそうな部下に対しては、事前に想定質問を用意して適切な対応ができるよう応酬話法を検討しておくと、冷静に対処できます。

82 評価者に対して求められるものとは

- 評価者には、公正性と透明性が求められる
- 評価スキルは考課者訓練を通じて身につけることができる。重要なのは評価スキルではなく、部下を納得させ、動機づける指導スキルである

① 評価する者は、適正に評価する義務を負う

　評価制度には公正性（公平性）と透明性が必要であるといわれます。公正とは評価が公平で、一部の者に偏ったものではないという意味であり、透明性とは評価のプロセスや基準が明確で、ブラックボックス化していないという意味です。公正で透明な評価制度であれば、従業員の評価に対する納得性も高まります。

　評価を行う管理職についても同様で、公正性と透明性が求められることは言うまでもありません。特に報酬額の大きな変動を伴う成果主義賃金制度においては、評価者が公正に評価を行う適正評価義務を負うとする見解もあります。

　いずれにせよ評価者は、先入観や偏見、好き嫌いを排し、できるだけ事実に基づいた客観的な評価を行うようにしなければなりません。

② 評価スキル以上に求められる指導スキル

　人事評価は、人間としての部下の価値を評価するものではありません。

■ 公正性と透明性

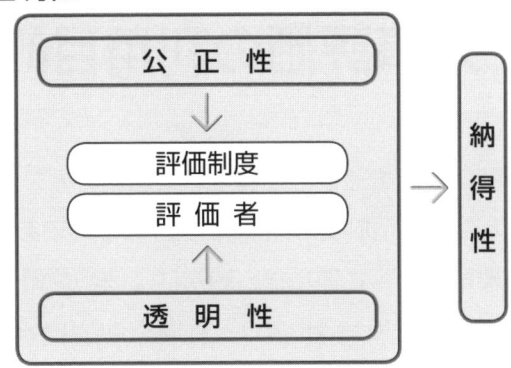

```
        公 正 性
           ↓
        評価制度       →   納
        評 価 者            得
           ↑              性
        透 明 性
```

　あくまでも決められた評価要素に沿って、仕事場面で見られた職務行動や事実を一定の基準に照らし合わせて評価するだけです。よって「神様ではないので、人を評価できない」というのは、正しくありません。評価スキルは、考課者訓練などのトレーニングを通じて身につけられます。

　評価者である上司は、部下を評価するだけでなく、育成することも仕事です。評価の後に行う評価面談では、上司から見た部下の仕事ぶりを伝え、どう思うかと部下に質問することで振り返りを促し、一方で部下からの意見・質問に丁寧に答えることで、「確かに上司の言うとおりだ」と納得させることが重要です。

　さらに、評価が低い評価要素については、改善点・改善策を具体的に指摘・指導しなければなりません。評価面談では、部下が上司の評価に納得し、自らの啓発点を自覚し、今後の仕事に意欲を持って取り組めるように動機づけすることが最終ゴールとなります。上司には、評価スキル以上に指導スキルが求められるといえるでしょう。

83 人事評価の利用目的と種類

- 人事評価は評価期間を通じて発揮された職務行動・観察事実を基に、従業員の職務遂行能力や成果を評価するものである
- 人事評価の種類はさまざまだが、通常は「成績評価」「能力評価」「情意（態度）評価」の三つに分けて評価するのが一般的

1　人事評価の利用目的とは

　人事評価は一定の評価期間（半年、1年間など）を通じて発揮された職務行動・観察事実を基に、従業員の職務遂行能力や成果を評価するものです。具体的に発揮された職務行動や短期成果をベースに評価するので、短期的な報酬の分配や目先の配置転換・昇格昇進に利用されます。一方、適性テストやヒューマンアセスメント（現在の担当業務とは異なる課題を与え、その処理の仕方を専門の評価者が観察して能力を評価する研修）は、職務行動だけでは分からない潜在能力（ポテンシャル）や将来性を評価するもので、長期的な人材活用や採用、管理職昇格時の選抜に使われます。

2　人事評価の評価対象と種類

　人事評価で何を評価対象にするかは、人事制度（職能資格制度、職務等級制度、役割等級制度など）や会社の方針によって異なります。職務遂行能力、業績、態度、コンピテンシーなどさまざまです。

　人事評価も多種多様ですが、通常は「成績評価」「能力評価」「情意（態

■ 人事評価の種類

> ● 成績評価
> ● 能力評価
> ● 情意（態度）評価

度）評価」の三つに分けて評価するのが一般的です。「成績評価」は、目標管理制度と連動させて目標達成率として評価されることが多く、「能力評価」は習得能力（知識・資格など）と習熟能力（スキルなど）に分けて評価し、「情意（態度）評価」は、仕事に対する取り組み姿勢を評価します。

③ プロセスを重視した評価が今後の主流

　成果実現のためのプロセスを重視し、評価対象を「インプット」「プロセス」「アウトプット」に分けるものもあります。「インプット」では、知識・スキル・態度を評価します。「プロセス」は、職務遂行プロセスで発揮された行動を評価するもので、コンピテンシー（成果を生むための行動）評価やバランス・スコア・カード（最終的な成果である財務指標の改善だけでなく、顧客や業務プロセスにも目配りされた目標管理ツール）が用いられます。「アウトプット」は、最終的な結果・成果の評価です。

　最近は、企業が設定した行動指針やバリュー（スピード、フェアー、自由闊達、アグレッシブ、チームプレーなど）を具体的な評価指標に置き換えて、その発揮度を評価する企業も多いですが、これも成果実現のプロセスを重視したものです。アウトプットを重視した評価制度であれば、「結果さえ出せばよい」という風潮を助長してしまい、コンプライアンス違反やチームワークに問題が生じます。プロセス重視の評価制度は、アウトプットを重視した反省から生まれたものです。

84 成績評価と能力評価の違い／絶対評価と相対評価の違い

- 「成績評価」は、上司のサポートや環境、設定した目標の難易度によっても左右されるため、「能力評価」とは必ずしも連動しない
- 絶対評価は、一定の客観的な基準に照らして優劣や達成度を評価し、相対評価は、被評価者の属する集団での相対的位置づけで決まる

① 成績評価とは

　人事評価は通常、「成績評価」「能力評価」「情意（態度）評価」の三つに分けられます。「成績評価」は、最終的な結果・成果を評価するものですが、そのうち、売上・利益・コスト・歩留まりといった定量的に測定可能な指標で評価できるものを「業績」といいます。また、業務改善やプロジェクト業務のように定性的にしか達成度を把握できないものを「課題」と呼び、その達成度を評価する場合もあります。成績評価は、定量的な業績達成度、定性的な課題達成度の両方を評価するものと理解しておけばよいでしょう。

② 能力評価とは

　「能力評価」は、本人の職務遂行能力を評価するもので、実際の職務遂行プロセスを観察することで知識やスキルを含めた能力全体を査定します。また、成績評価と必ずしも連動していません。成績は上司のサポートや環境、設定した目標の難易度によっても左右されます。
　能力評価の基準は、資格等級（グレード）ごとに設定されます。新入社

■ 本人の能力と成績

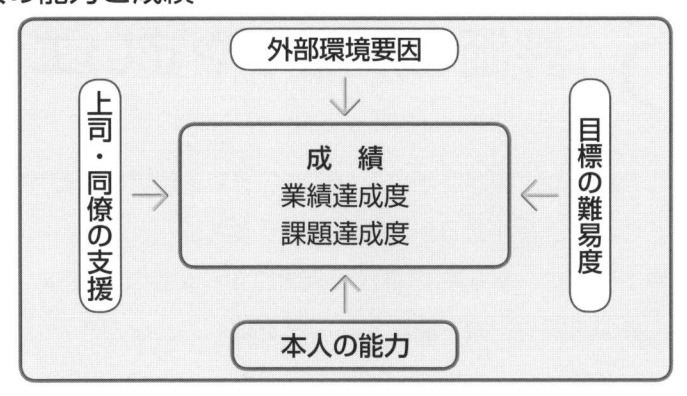

```
          ┌─────────────┐
          │  外部環境要因  │
          └──────┬──────┘
                 ↓
┌──────┐   ┌─────────────┐   ┌──────┐
│上司・ │   │   成　績    │   │目標の│
│同僚の │ → │  業績達成度  │ ← │難易度│
│ 支援 │   │  課題達成度  │   │      │
└──────┘   └──────┬──────┘   └──────┘
                 ↑
          ┌─────────────┐
          │   本人の能力  │
          └─────────────┘
```

員もベテランも同じ基準で評価するのは不合理だからです。評価要素は、どういう能力を持った人材を求めているかで企業によって異なります。

③ 絶対評価と相対評価の違い

　絶対評価とは、一定の客観的な基準に照らして優劣や達成度を評価するものです。人と比べるのではなく、本人を見つめ、本人の強みや啓発点に焦点を当てることができるので、人材育成の観点からも望ましいです。

　相対評価は、被評価者の属する集団（同じ職場、同じ等級など）における相対的な位置づけ（序列）で評価するもので、事前に評価点の分布を決めておく点が特色です。例えば、S評価を全体の上位5％、D評価を下位5％とし、A評価とC評価をそれぞれ20％、標準のB評価を50％とするなど、一定の分布に被評価者を割り当てるといった手法です。相対評価では、優秀な人材でも、同じ集団にさらに優秀な人材がいれば評価が低くなるという問題や、従業員間での協力関係が悪化するといった問題が指摘されています。さらに同一集団に属する被評価者がおしなべて成績不良であると、S評価を獲得するものが出現するという制度上の欠陥も残ります。

85 評価者が陥りやすいエラー

- 評価者の感情や主観が評価に入り込むことで、現実の評価がゆがめられてしまうことがあるが、これを評価者エラーという
- 評価者エラーは、評価者自身が評価者エラーに関する知識を学び、自分自身の感情や主観を認識することで防ぐことができる

　人事評価は人が人を評価するものであるため、評価者の感情や主観がどうしても入り込み、適切な評価が妨げられることがあります。こうした評価の誤りを「評価者エラー」といいます。評価者エラーは、評価者自身が評価者エラーに関する知識を考課者訓練等で学び、どういう場合にエラーを犯すかを認識することで避けることが可能です。

　評価者エラーで最もよく知られているのが、「ハロー効果」です。被評価者の際立つ特徴に目がくらんで、実際よりも高い評価をつけてしまう現象です。例えば、難関大学出身者であるとか、過去に社長表彰を受けたとか、暗算能力が極めて高いとか、仕事とは関係のない特徴であっても、際立つ特徴に引っ張られることはよくあります。

　反対に、評判の悪い被評価者についてハロー効果と逆の効果が生じる場合を「ホーン効果」といいます。いずれも評価をゆがめてしまうので好ましくありません。

　これらは、いずれも評価手続き上のミスで、注意すれば防ぐことができます。

■ 代表的な評価者エラー

評価者エラー	内　　容
ハロー効果	被評価者の際立つ特徴に目を奪われ、実際よりも高い評価をつけてしまう現象。ハロー効果の逆は「ホーン効果」
サンプリング・エラー	被評価者の職務行動・観察事実の一部だけを取り上げて評価をしてしまうミス
パスト・アンカリング・エラー	評価対象期間内の評価事実に限定して評価しなければならないが、評価期間外の行動や評価を誤って参照してしまうミス
期末誤差（近時点評価）	被評価者の直近の行動等に引きずられて評価してしまうミス。記録ではなく記憶に頼った評価が原因
中心化傾向	評価が「標準」「普通」といった中心的な評価に偏ってしまう現象。評価者が自分の評価に自信が持てないことなどが原因
寛大化傾向	評価が甘く、高い評価をつけてしまう傾向。反対に評価が厳しくなる傾向を「厳格化傾向」という。いずれも評価基準の理解不足や評価者の過度な思いが影響している
対比誤差	評価者が自分自身の能力を基準に、被評価者を評価してしまうエラー。評価者の得意領域では厳しく、苦手領域では甘く評価する傾向がある
論理誤差	評価要素間に論理的な関連性があると評価者が勝手に解釈することで、異なる評価要素に対しても、同様の評価をつけてしまうエラー。例えば「企画力」があれば、「判断力」もあると解釈してしまうこと。評価要素の理解不足が原因
自己投影効果	自分と同じような意見・価値観を持っているか否かが評価に影響してしまうこと
逆算化傾向	初めから落とし所となる総合評価を念頭に置き、総合点に一致するように最終結果から逆算して評価をつけてしまうこと

86 中心化傾向・寛大化傾向をどう避けるか

- 中心化傾向等の評価者エラーを避けるには、被評価者に関する観察事実を多く集め、評価基準に則して丁寧に評点をつけることが原則である
- 評価の仕方を絶対評価から相対評価に切り替え、評点の分布規制を行えば、中心化傾向等は回避できる

1 中心化傾向・寛大化傾向となる原因

　評価者が自分の評価に自信が持てない場合には、評価が無難に流れがちとなる結果、良くも悪くもない「標準B評価」（S・A・B・C・Dの5段階評価の場合）が多くなります。中心化傾向となる理由は、ほかにもあります。部下に悪い評価をつけることは、部下のモチベーションを低下させ、上司と部下との間の信頼感や人間関係を悪化させる可能性があるため、あえて悪い評価をつけることを避けてしまいます。寛大化傾向も同様の理由が原因です。

　加えて、あまりに高い評価をつけることも躊躇されます。高評価の人材は、将来の幹部候補生として、ハイパフォーマーとして全社的な注目を受けるので、態度が傲慢になったり、他部署からの引き抜きにあったりする懸念もあるほか、転職のリスクも高まります。そうなると無難な評価をつけることが、管理職としては合理的な行動となります。

■ 中心化・寛大化傾向を避ける方法

- 部下の評価情報を十分に収集する
- 評価基準に則して評価する
- 他の評価者の評価は気にしない
- 絶対評価から相対評価へ切り替える

② 中心化傾向・寛大化傾向の回避策

　中心化傾向等の評価者エラーを避けるには、被評価者に関する観察事実を多く集め、評価基準に則して丁寧に評点をつけることが原則となります。その場合に、他の評価者の評価を気にすると自信が持てなくなり、他の評価者の評点に引きずられてしまう恐れがあります。例えば、自分ならC評価だと考えていた者の評価について、他の評価者がA評価をつけていた場合などは、より高い評点をつける寛大化傾向に拍車がかかります。

　なお、中心化傾向・寛大化傾向を避けるために、絶対評価から相対評価に切り替える企業もあります。相対評価において、評点の分布をあらかじめ決めておけば、中心化傾向・寛大化傾向となる余地はありません。

　ほかにも、1次評価を絶対評価とし、2次評価を相対評価とする運用をしている企業もあります。このような企業では、目標達成率が100％で1次評価がA評価であっても、2次評価でC評価に変更になる可能性があり、被評価者の納得が得にくい問題も発生しています。

87 部下の目標設定の方法

- 企業目標から部門目標、職場目標とリンクさせた形で個人目標を設定させるトップダウン方式を採用する企業が多い
- 目標の優先順位づけと本人の能力との適合性については、上司が積極的に関与・判断する必要がある

① 目標管理とは

　目標管理は、期初に個人別に達成目標を立てさせ、期末にその達成率を評価することで、従業員に主体的に仕事に取り組ませようとする組織マネジメント手法です。ピーター・ドラッカーが提唱したものですが、一般企業から国家公務員まで、今日では多くの組織で導入が進んでいます。

　目標設定の仕方は二つあります。一つは、従業員の主体性を喚起することを目的に、従業員自らに目標を設定させるボトムアップ方式で、もう一つは、企業の経営目標からブレークダウンする形で目標を設定させるトップダウン方式です。

　目標設定は、本人がどれだけその目標にコミットできるかという点が重要で、仮に部下に目標を設定させても、本人が目標の達成可能性や達成時の効果性について疑問を持っている場合は有効に機能しません。逆に、トップダウン方式で目標を設定させても、本人が目標に納得し、目標達成に意欲を示している場合は有効です。

　最近は、企業目標から部門目標、職場目標とリンクさせた形で個人目標を設定させるトップダウン方式を採用する企業が多いようです。

■ 目標設定の手順

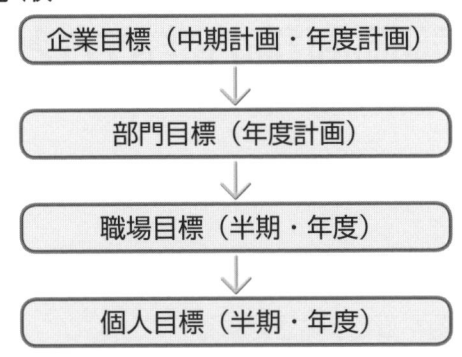

```
企業目標（中期計画・年度計画）
        ↓
部門目標（年度計画）
        ↓
職場目標（半期・年度）
        ↓
個人目標（半期・年度）
```

② 目標設定には上司が積極的に関与する

　部下に目標設定を一任すると、達成率を高めたいがために、比較的容易に達成できる目標を設定してしまうきらいがあります。そこで目標設定には、上司が積極的に関与する必要があります。

　目標設定のポイントは、目標の優先順位づけと本人の能力との適合性です。職場のミッションや目標、部下本人の役割等から考えて、評価期間中に達成することが不可欠なMUST項目を選び出します。MUST項目ですから、それほど多くは設定できません。この項目を設定してから、本人の現状能力を踏まえて、評価基準（達成度評価）を設定します。

　さらに「SMARTの原則」に従って目標設定を行うとよいでしょう。SMARTとは、目標設定で重要となる五つの要素の頭文字を取ったものです。

・Specific…明確で具体的な目標であること
・Measurable…目標の達成度合いが定量的に測定可能であること
・Achievable…現実的に達成可能な目標であること
・Realistic…経営目標や事業計画とリンクした目標であること
・Time-bound…目標達成の期限が設定されていること

88 評価面談の進め方とポイント

- 評価面談は、部下が自分自身を振り返り、職務行動を変えるきっかけをつくる場である
- 評価面談では、評点よりも上司から見た部下の職務行動・観察事実を具体的に説明することに注力する

① 部下は評価を求めている

　人は一般的に評価されることを嫌います。マイナスに評価されることで、自尊感情が傷つく恐れがあるからです。特に今後の処遇を左右する人事評価については、強い抵抗感を示す部下も多いでしょう。

　反面、人は評価を求めているともいえます。仕事に対して前向きで出世を望んでいるような人材であれば、組織内で自分がどのように評価されているかを確認したいでしょうし、そうでなくとも、真面目に頑張っている者であれば、そのことを上司に認めてもらいたいと思うのは自然です。

② 評価面談の環境設定

　評価面談は叱責（しっせき）の場ではありません。最終の評価結果を伝えることで、部下が自分自身を振り返り、職務行動を変えるきっかけをつくる場です。普段、部下を叱責・注意できない指導力不足の管理者が、ここぞとばかりに感情をぶつけることもありますが、これは避けなければなりません。

　あくまでも部下を育成するというスタンスを崩さず、温かい雰囲気で面

■ 評価面談の手順

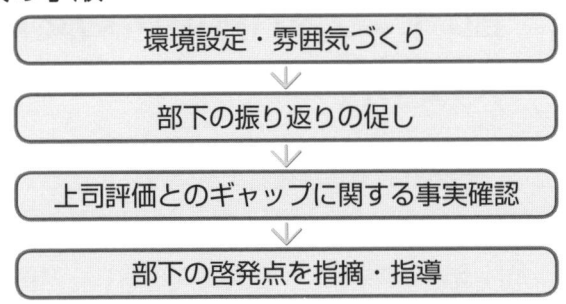

```
┌─────────────────────────┐
│   環境設定・雰囲気づくり   │
└─────────────────────────┘
            ↓
┌─────────────────────────┐
│     部下の振り返りの促し     │
└─────────────────────────┘
            ↓
┌─────────────────────────────────┐
│  上司評価とのギャップに関する事実確認  │
└─────────────────────────────────┘
            ↓
┌─────────────────────────┐
│   部下の啓発点を指摘・指導   │
└─────────────────────────┘
```

談をします。その冒頭では、部下の仕事ぶりに対するねぎらいや本人に対する他部門からの良い評価を伝え、部下に聞く耳を持たせるよう配慮します。

また面談では、上司評価を伝える前に、本人の自己評価を聞くのが鉄則です。いきなり評価項目に沿って一つひとつ細かく確認することは避け、「この半期を振り返って、どうですか」「自分の思ったとおりに行きましたか。何か支障がありましたか」といった漠とした質問を投げ掛けて、評価期間全体について部下がどう考えているかを説明させるのがポイントです。

③ 評価の伝え方

評価を伝える前に、評価要素と評価基準が部下に周知されていることが必要です（目標管理の場合は、期初に立てた目標と達成度基準は明確なはず）。評価面談は評価結果を伝えるためでなく、部下の指導育成のために行うのですから、本人の振り返りや自覚を促すことに主眼を置いて説明します。

そのため上司は、評点よりも上司から見た部下の職務行動・観察事実・成果を具体的に説明することに注力しましょう。そして、部下の職務行動・観察事実・成果が評価基準（期待役割や達成度基準等）に照らしてどう評価されるかを説明します。評価基準に照らして不十分な点については、部下にその原因を質問するなどして、本人の振り返りを促します。

89 部下の感情的な反応への対処法

- 評価面談では、部下である被評価者の感情反応によって、上司である評価者が冷静さを失い、感情的対立に発展することがある
- 評価者は、被評価者の感情反応の典型例を理解し、対処法をあらかじめ準備しておく

1 部下との面談はクールに行う

評価面談では、部下である被評価者の自らの評価を上げたいという気持ちや、評価制度自体に対する疑心暗鬼から、感情的なやりとりとなる場合があります。特に昇給・賞与に直結する評価面談では、評価者と被評価者間で感情的な対立に発展することも懸念されます。

評価者は被評価者の感情的な反応（防衛機能）に対して、自らの感情をコントロールし冷静に対処しなければなりません。そのためには、被評価者の感情反応の典型例を理解し、対応策をあらかじめ準備しておくことが望ましいでしょう。

2 部下の感情反応と対応策

ここでは、「逃避」「攻撃」「反発」「抑制」「転射」「合理化」といった感情反応を例に対処法を考えてみましょう。

例えば、目標設定面談では、部下は達成が容易な目標を設定してしまう傾向があります。単純に評価を高めたいとか、高い目標を設定してチャレ

■ 上司と部下の認識のズレを修正する

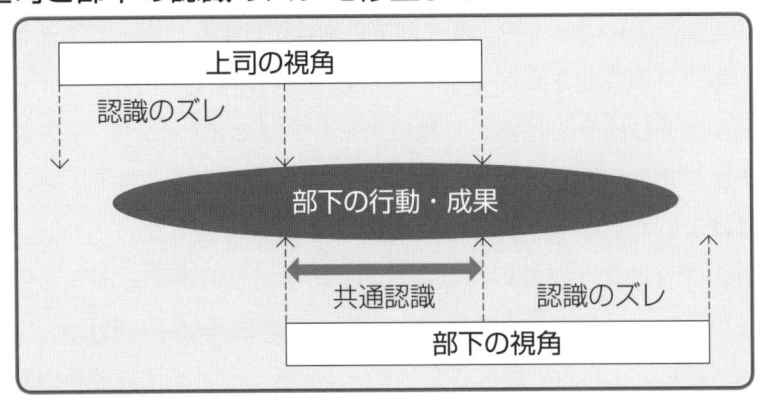

```
        上司の視角
  認識のズレ
        部下の行動・成果
      共通認識    認識のズレ
              部下の視角
```

ンジするのが苦痛だという理由からです。このような部下の感情反応を「逃避」といいます。対応策としては、高い目標を設定することで能力が開発されるので、最終的には部下にとってメリットがあること、目標達成度評価は成績評価には影響するものの、仮に目標達成できなかったことをもって能力評価も自動的に低くはならないこと（成績評価と能力評価は別の評価であること）を説明すればよいでしょう。

さらに高い目標を設定するならば、上司としても積極的にサポートすることを約束し、高い目標にチャレンジするように後押しするとよいでしょう。

「攻撃」や「反発」が見られたら、部下の振り返りを冷静に促すとよいでしょう。例えば、上司のフォロー不足を指摘してきた場合は、「どのようなフォローを具体的に求めたか言ってください」と振り返らせます。具体的なフォローのリクエストを出さないで、「上司は何もしてくれない」と文句だけ言っているケースも少なくないからです。

また、「私がフォローしなかったから失敗したと言いますが、あなた自身は目標達成に向けて具体的にどのような行動をとりましたか」と本人の行動にフォーカスさせることも有効です。

「抑制」が見られたら、部下の目標設定を押し付けていないか上司自身が振り返るとよいでしょう。まず部下の納得が重要なので、部下が納得できる水準で目標設定を促します。その上で上司の期待を示して、「どういう条件が整えば、さらに高い目標にチャレンジできますか」「より高い目標にチャレンジする上で、障害となっているものはありますか」と、率直に聞けばよいでしょう。

「転射」「合理化」が見られたら、部下に事実を直視するように促します。多いのは、等級が異なる同僚の目標や評価結果を持ち出して、「あいつに比べたら」と自分の優位さをアピールするケースです。等級が異なれば、期待される役割や成果基準が異なることを説明すればよいでしょう。

③ 上司と部下の認識のズレを修正する

部下との面談は、相互の認識のズレを修正するために行います。まず上司は、部下の成果や行動のすべてを把握しているわけではありません。部下も自らの成果のすべてを正しく認識しているわけではないことから、どうしてもズレが生じてしまいます。

さらに、評価者は評価者エラー（194ページ参照）の影響を受けやすく、部下の本来の成果や行動を正しく評価できない一方、部下は上司に対する感情反応によって、自己の成果や行動を適切に上司に伝えることができません。上司と部下が相互に、自らのバイアスを意識し、目線合わせを行うことが重要となります。

■ 評価面談で問題となる感情反応

感情反応	内　　　容
逃　避	目標設定から逃げたくなる感情。責任を負いたくない、目標を押し付けられたくないという意識が強いと逃避行動に走る。具体的には、できない理由を並べ立ててそこに逃げ込む
攻　撃	上司のフォロー不足や判断の誤りなどを指摘し、自分を有利な立場に置こうとする。しかし、上司を攻撃することで上司の反発を招き、評価が逆に下がるだけである
反　発	感情的になり、上司に対する不信が高まると上司の意見をまったく聞こうとしなくなる。「勝手にしてください」「私は知りませんよ」といった発言が典型的
抑　制	組織に対する順応を意識するあまり、無意識に自分自身を抑え込んでしまう。自己主張をすると上司の機嫌を損ねると考え、渋々上司の言い分を受け入れてしまう。本質的に納得していないので、目標の達成意欲は弱く、部下自身の満足度も低下する
転　射	同僚など第三者を引き合いに出して、あげつらうことで自分の立場を有利にしようとすること。目標が達成できなかったのは、部下本人の責任であるが、同僚を批判の俎上（そじょう）に載せることで、相対的に自分の評価を高めようとする
合理化	目標達成できなかった理由をあれこれとこじつけて、自分の評価が下がらないようにする。イソップ童話の「すっぱいブドウ」と同じで、「負け惜しみ」でしかなく見苦しいだけである。合理化によって上司からの評価が上がることはない

⑧⑨ 部下の感情的な反応への対処法

90 本人と上司評価とのギャップ／1次・2次評価者間のギャップ

- 本人評価と上司評価が異なる場合は、部下に本人評価の根拠を説明させた上で、修正すべきものは修正する
- 1次・2次評価者間で評価ギャップが生じている場合は、納得がいくまで話し合いを行い、コンセンサスを得るようにする

1 本人と上司評価とのギャップ

　本人評価と上司評価が異なることは、当然あり得ます。部下の職務行動など、上司が収集した評価対象となる事実情報が不足している、もしくは間違っていることで評価ギャップが生じている場合は、部下との面談等で修正すればよいでしょう。

　その場合、部下に本人評価の根拠を説明させた上で、部下以外からも情報を収集し、部下の主張を裏づける事実を確認しなければなりません。評価をするのは上司であって部下ではないので、評価ギャップが生じていたとしても、上司自身が納得できなければ評価を修正する必要はありません。

　ただし、上司の最初の評価が絶対に正しいとは言い切れないので、部下の主張に耳を傾ける姿勢は持ち続けることが大切です。それが部下との信頼感の醸成につながります。

■ 評価段階ごとの特徴

本人評価	1次評価	2次評価
● 本人の目から見た主観的評価	● 直属上司による客観的評価 ● 部下の仕事ぶりや成果の的確な把握	● 部門全体から見た客観的評価 ● 部下の潜在的能力の的確な把握

② 1次・2次評価者間のギャップ

　1次評価者と2次評価者で評価が異なる場合もあります。1次評価者は評価対象者の直属の上司で、一般的には課長が1次評価者となり、2次評価者は1次評価者の上司で、通常は部長クラスがなります。本部長スタッフなどでは、2次評価者が本部長（役員クラス）となる場合もあり得ます。

　1次評価者と2次評価者の2段階に分けている理由は、複数の評価者が評価することで客観性を担保しようという狙いからです。ほかにも、異なる立場から評価することで、1次評価者だけでは見えない部下の育成点（強み）・啓発点（弱み）を発見できるというメリットもあります。部下の仕事ぶりや成果の評価は、直属の上司である1次評価者が適任ですが、部下の潜在的な能力評価は2次評価者のほうが的確である場合が多いでしょう。

　いずれにせよ1次評価者は、2次評価者の書き換えた評価をそのまま受け入れるのではなく、納得がいくまで話し合いを行い、部下にフィードバックする内容についてもコンセンサスを得るようにしたいところです。

91 評価結果と部下のモチベーション

- 評価制度全体を可視化し、評価決定のステップ・最終評価の決定方法・報酬額への反映まで事前に周知することで、評価制度に対する誤解から生じるモチベーション・ダウンを防止する
- 評価の低い部下に対しては課題を明確化し、上司が支援を約束することでモチベーションは維持できる

1 評価の仕組みをあらかじめ周知する

　評価結果が報酬などの処遇に反映されますので、部下は評価結果に一喜一憂しがちです。しかし、評価制度に関する説明不足や制度の不備が原因で、部下のモチベーションが下がることは避けなければなりません。例えば、目標達成率がA評価であったものが、最終的な評価ではC評価となったとすると、評価制度への不信からモチベーションが下がることは明らかです。

　まず、評価制度全体を可視化することが大切です。評価が決まるステップから、すべての評価者、評価基準、評価方法（絶対評価・相対評価）、最終的な評価の決定方法（部門間調整の有無など）、報酬額（昇給額・賞与額）の決定方法まで、すべてを従業員にオープンにします。成果主義以前の年功序列制度では、短期の評価ではあまり処遇差がつかなかったため、あえて評価の仕組みを非公開にしていましたが、今日では適当ではありません。

　労務行政研究所の「人事考課制度の最新実態」（『労政時報』第3797号－

■ 評価制度の透明化

> **透明化すべきもの**
> - 評価決定のステップ
> - すべての評価者
> - 評価基準
> - 評価方法（絶対・相対評価）
> - 最終的な評価の決定方法
> - 報酬額の決定方法

11.5.13）によると、86.3％（規模計）の企業が、人事考課制度に関して何らかの形で公開していると回答しています。

② 評価の低い部下のモチベーションを高める

　1次評価者は評価全体の責任者として、最終評価についても詳細に把握しておく必要があります。そうすると、仮に1次評価でA評価、部門間調整を経た最終評価でC評価となっても、その理由を部下に説明できるはずです。評価が下がったことは本人にとっては不本意かもしれませんが、他部門の同ランク（同等級・同グレード）の従業員と相対比較した場合に、最終評価が下がることはあり得ます。

　大切なことは下がった事実ではなく、同ランクの従業員に比べ、何が不足していたかです。それが部下の啓発点となり、次期に向けた重点指導項目となります。本人の課題を明確にし、次期に向けた上司の支援を約束することで、部下のモチベーションを低下させないような配慮をすることが重要です。

92 評価結果に対するクレーム対応

- 上司は、評価結果に対する部下のクレームに対し、きちんと説明責任を果たさなければならない
- 会社としては苦情処理窓口の設置も検討する。成果主義制度の公正性や透明性を担保し、従業員の納得性を高める上でも必要である

① 評価面談でのクレーム対応

　部下に上司の評価結果をフィードバックする評価面談の場では、上司と部下自身の評価が食い違うことが多々あります。このような場合、上司は部下に対してきちんと説明責任を果たすことが望まれます。評価は賃金や賞与の額を決定するためだけに行うのではなく、部下を動機づけして、さらなるパフォーマンスの発揮を促すものだからです。

　部下から説明を求められた場合に備えて、上司は評価の基準を明確にし、評価の対象となる事実（行動、成果、他部門の評判など）を証拠として整理しておきましょう。

② 最終評価決定後のクレーム対応

　人事評価が昇給やボーナス、将来の昇格・昇進に直接結び付くことから、誰しも評価結果に対して神経質になりがちです。評価面談の場で納得していたとしても、後々納得できないとクレームをつけてくる部下がいます。

　また、評価面談後、他の同僚の評価が上であったことが分かった場合、

■ 評価に対するクレーム対応のポイント

> ● 毅然とした態度で臨む
> ● 安易に評価を見直さない
> ● 苦情処理窓口を活用する
> ● コンプライアンスに留意する

納得がいかないと説明を求めてくる部下もいます。

　このような最終評価決定後のクレームについては、上司は毅然と対応することが重要で、評価結果に関して説明はしても、安易に評価を見直してはなりません。他の部下にも、評価は交渉次第という誤ったメッセージを与えてしまい、その後の評価制度の運用に支障が生じてしまうからです。

③ 苦情処理窓口の設置

　人事評価の結果にどうしても納得がいかない従業員に対しては、直属の上司ではなく、会社が相談窓口を設置して対応することが望ましいでしょう。評価によって賃金額が大きく変動する成果主義賃金制度の場合は、人事評価制度のプロセス全体にわたって、公正なルールと透明性の高い手続きが求められます。従業員の納得性を高めるという点でも、評価に不満を持つ従業員に対する苦情処理制度の整備が不可欠です。

　一方、従業員のクレームが上司と部下との意見の相違という問題を超えて、コンプライアンス上の問題に波及する場合もあります。

　例えば、性別を理由とした評価差別は法令違反となります。また、上司からのセクハラを拒否したことで、人事評価で不利益な取り扱いを受けている場合は、対価型セクハラとなります。この場合、会社は従業員からの相談に応じるなどの体制整備が求められます。

93 評価のマンネリ化への対応

- 育成視点から部下の目標設定を見直し、メリハリのある評価を行う
- 評価の低い部下には上司がきちんとサポートし、結果を出させて成長実感を持たせるようにする

① 人事評価がマンネリ化する原因

　人事評価の目的は部下の成長を促すことにあります。毎年、同じような評価を繰り返していては上司・部下ともマンネリ化し、部下の成長どころか業務パフォーマンス自体が低下してしまいます。育成視点から部下の目標設定を見直し、メリハリのある評価をすることが、マンネリ化から脱却する一つの方策です。

　人が成長しているということは、昨年よりも今年、今年よりも来年のパフォーマンスが向上していなければなりません。そうすると、人事評価の結果が毎年よくなっていてもおかしくはないのですが、ここに二つの大きな事実誤認があります。一つは、すべての人材が順調に成長することはあり得ないという事実、もう一つは、現状よりもさらに困難な課題にチャレンジしなければ成長できないという事実です。

　人事評価が毎年上がるということは、通常あり得ないことで、評価基準が曖昧であるとか、評価者の恣意的な判断が介在しているのではないかと疑ってみるべきです。同様に、毎年同じように高評価が続くというのもおかしなことです。

■ 能力に合わせた目標設定の見直し

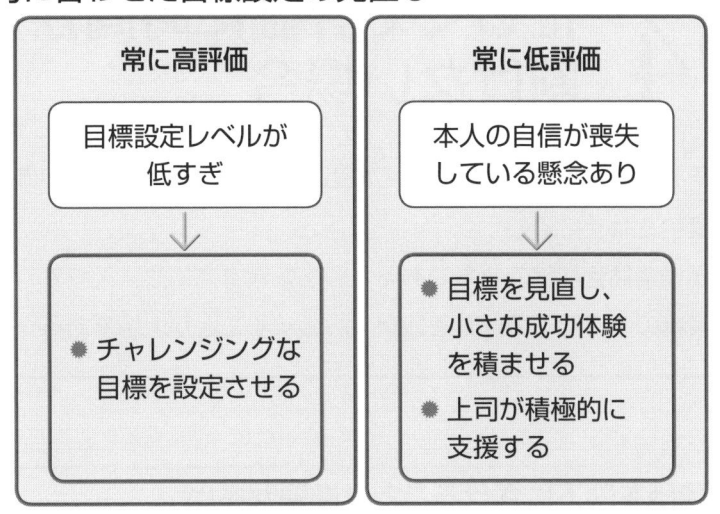

常に高評価	常に低評価
目標設定レベルが低すぎ	本人の自信が喪失している懸念あり
↓	↓
● チャレンジングな目標を設定させる	● 目標を見直し、小さな成功体験を積ませる ● 上司が積極的に支援する

② 毎回達成率A評価はあり得ない

　優秀な人材は毎回達成率A評価、そうでない人材は毎回C評価。一見正しいようですが、人材育成の観点からはよいことではありません。優秀な人材であってもさらなる成長を促すためには、一段高い課題にチャレンジさせる必要があります。そうすると、目標達成率が下がるのが普通で、A評価が続くということは考えにくく、A評価が続く場合は、目標設定が不適切ではないかという点を疑うべきです。上司は部下の限界値を見極めながら、現在の能力水準よりも少し高いストレッチ目標を設定させなければなりません。ストレッチ目標であるから、現在の等級（グレード）を超える目標設定もあり得ます。

　一方、チャレンジしているのに毎回C評価というのも不適切です。本人も成長を感じられず、モチベーションが下がる一方となってしまうのは、上司がきちんとサポートできていないことが原因です。

94 忙しくて評価に時間が割けない場合

- 部下を評価する材料を普段から集めることで、評価時期に評価作業を集中させずに済む
- 評価作業は管理職の仕事である。評価要素を常に頭に入れて、日々の業務の中で部下の行動を観察・評価することが大切である

① 評価を部下にさせることは問題が多い

　部下の評価を行うのは管理職の仕事であると分かっていても、業務多忙な中でその時間を見つけ出すことは難しいものです。評価の回数や時期は会社によっても異なりますが、一般的な企業であれば、昇格・昇給のための年1回の評価、賞与支給のための年2回の評価の場が設けられています。

　評価を行う手間を嫌って、部下同士で相互評価をさせる管理職がいます。まず部下一人ひとりに事前に自己評価をつけさせ、それを課やグループのメンバーに公開し、相互に検証させて、部下間で相対的な順位をつけさせる、この方法のメリットは、評価のための作業時間を大幅に短縮できる点にあります。最終的な評価は上司が行うにしても、評価を行うための材料集め（業務遂行の状況・達成度、他部門の評価など）をしなくても済むというメリットは大きいです。また、部下相互で評価させることで、上司の評価そのものもかなり楽になります。すでに部下間でなされた評価を修正するだけで済むほか、評価内容も部下相互で話し合って決めたものですから、部下の納得性も高まるはず、と上司が考えても無理はありません。

　しかし、部下同士に相互評価をさせることは、あまり推奨しません。特

■ 評価情報収集のポイント

> * 評価要素を理解する
> * 評価要素を記憶する
> * 評価行動を発見する
> * 評価行動をすぐに記録する
> * 成果とプロセスを記録する

に相対評価を行う場合は要注意です。個人主義的な部下がいる場合、自分の評価を上げるために他のメンバーの評価を相対的に引き下げる行動に出る可能性が高くなるからです。誰かが、他のメンバーの評価をおとしめる証拠集めを始めると、チームとしての機能は失われます。

② 評価の材料集めは上司の仕事

　評価作業で手間がかかるのは、評価のための材料集めの部分です。この作業は評価を行う時期にする必要はなく、普段の業務の中で、評価に影響するような部下の行動や他のメンバー・他部門からの評価を集めておけばよいのです。

　そのためには、上司は普段から評価要素が頭に入っていなければなりません。例えば「チームワーク」という評価要素があれば、部下がチームワークを発揮した場面で即座に記録を付けます（少なくともその日のうちに記録する）。後から記録を付けようとしても、重要な部分の記憶が失われていることが多いので留意しましょう。

　目標管理の進捗把握も同様で、部下一人ひとりの目標とその達成に至るプロセスが上司の中で明確になっている必要があります。結果だけでなく、プロセスを踏まえた達成度評価を行うには、日々の達成プロセスの記録が欠かせません。

95 評価制度への不満に対する対応

- 管理職自身が評価制度に不満を持つ場合でも、恣意的な解釈で評価制度を運用することは許されない
- 部門間で評価基準に差がある場合は、各部門の評価者が事例を持ち寄って、評価基準や解釈のレベルを擦り合わせる作業が必要である

① 管理職自身が評価制度に不満を持つ場合

　管理職自身が評価制度に不満を持つこともあります。評価項目に納得できない、評価の基準や尺度が現場の実態とかけ離れているなど、評価制度に問題がある場合でも、組織運営上の制度（機能）である以上、管理職が自己の勝手な解釈で運用することは許されません。管理職個々人が自分の判断で運用するようになると、評価の公平性が保てないだけでなく、評価制度自体の信頼が損なわれてしまいます。

　このことは、評価基準の運用だけではありません。評価の手続きも同様です。上司が評価を行う前に、部下に本人評価を評価シート（目標管理シートなど）に記載させる運用を行っている企業は多くみられます。部下が本人評価を行う手続きは、部下自身に自らの業務遂行を振り返らせて反省と行動変容を促すという学習効果を期待したものですが、部下の評価をフィードバックする上司としては、やりにくい面もあります。部下の本人評価と最終的な上司評価とが食い違った場合に、説明が求められるからです。そこで、この本人評価ステップを、勝手に飛ばしてしまう管理職もいます。

■ 部門間の評価の甘辛への対応

- 評価要素と評価基準を再確認する
- 評価基準の解釈を擦り合わせる
- 事例を持ち寄って調整する
- 部門間の評価の平均点の差を使って、機械的に調整する方法もあるが、好ましくない

　同様に、上司評価を伝えることで部下との軋轢（あつれき）を生じさせたくないことから、上司評価のフィードバックを、多忙を理由に行わない管理職もいます。このような評価制度の恣意的な運用は、業務命令違反となることを管理職は自覚する必要があります。

② 部門間で評価基準に差がある場合

　部門間で評価基準に差があることが問題になるケースも多くあります。多くの部下から「自部門の評価が他部門に比べて厳しい」と指摘を受けた場合、全社的に評価基準の擦り合わせが必要となる可能性があります。

　これは「評価の甘辛」と呼ばれる問題です。同じ事実を評価する場合でも、ある部門ではAと評価し、別の部門ではCと評価するのであれば、評価の公正性が維持されないというものです。このような問題が生じる原因は、同一の等級に位置づけられた者に対する評価基準そのものが異なるのではなく、評価基準の解釈が部門間もしくは評価者間で異なることに起因します。

　この問題を解決するには、各部門の最終評価者等が各部門での評価事例を持ち寄って、評価基準の解釈のレベルを擦り合わせる作業が必要となります。

96 こんなとき、どう評価する？
――周囲の貢献が高い場合・外部要因の影響

- 上司や職場の同僚の協力で成果を上げられたとしても、成果を上げたことは事実であるので、評価においてマイナス調整はしない
- 本人とは無関係な外部要因の影響については、目標の変更・修正という手続きで対応するのが原則である

① 周囲の貢献が高い場合

　チームワークがよい職場であれば、上司や職場の同僚が協力することで、本人の能力以上の高い成果実現につながることがあります。この場合、成果を上げたことは事実ですから、成績評価ではマイナス調整しません。事実を無視して評価することは、評価の客観性の観点からも許されません。

　ただし、成績評価（目標達成度評価）が高くとも、能力評価や情意評価・コンピテンシー評価が高くなるとは限りません。それらはまったく別の評価だからです。例えば能力評価の場合、成果実現のプロセスを見ながら本人の貢献部分に着目して評価します。上司や同僚のサポート部分は差し引いて、実質のパフォーマンスだけが評価されます。

　同僚のサポート部分については、同僚の評価に反映させることが望ましいです。自分の業務以外に同僚をサポートした行動は、情意評価・コンピテンシー評価として加点してあげることで、さらにチームワークを高めることができます。

■ 成績評価と能力評価の切り分け

```
┌──────┐   ┌──────────┐   ┌──────┐
│ 能力 │ + │ 上司の支援等 │ = │ 成績 │
└──────┘   └──────────┘   └──────┘
   ↓                            ↓
 能力評価                     成績評価
```

② 外部要因の影響

　本人とは無関係な外部要因が、成果の実現に影響を与えることもあります。例えば、政治・経済的な要因、規制の問題、景気の影響、会社の方針変更など予測が困難な外部要因はさまざまですが、基本的に本人の能力や努力とは無関係です。このような外部要因を成績評価に反映させることは不合理ですので、通常は外部要因の影響が予見できた時点で、目標の変更・修正という手続きをとります。

　例えば、期初に設定した目標数値を期中に変更したり、目標そのものを別の目標に変更することで、目標管理という枠組み自体を維持するのです。ただし、環境変化やそれに伴う戦略変更が頻繁になされる場合は、この目標の変更・修正という手続き自体が間に合わないケースも出てきます。

　また、外部要因があったとしても、成績評価は結果に基づいて客観的に行われなければなりませんので、評価者の個人的裁量で評価を上下させることは許されません。基本的には会社でガイドラインを作成し、対応することになります。環境変化が激しい業界では、目標管理という枠組み自体を見直す必要があるかもしれません。

97 こんなとき、どう評価する？
——期中の異動・担当変更による不慣れな業務

- 評価期間中の異動者については、「異動先で人事評価を行わず標準評価とする」といった運用ルールを決めればよい
- 担当変更による不慣れな業務でパフォーマンスが低下したとしても、上司が恣意的に評価を甘くすることは適切ではない。あくまで、運用ルールに則した救済措置を検討するべきである

1 期中の異動への対応

　評価期間中に異動があった場合の評価方法については、会社で決めればよいことです。例えば、評価期間中の異動者については評価せず、標準評価とするというルールで運用している会社や、異動後については、1年間は従前の評価のままとする扱いをしている会社もあります。

　本来であれば、異動前の期間については異動前の職場で評価面談を行い、異動時点までの達成度評価を完結させます。異動後の期間については異動先で新たに目標を設定し、期末には異動前・後の達成度を総合考慮して評価を行うべきです。

　また、異動後でもすぐにパフォーマンスを発揮して、高い成果を実現する人材もいることから、異動後1年間の評価を凍結する扱いが正しいとは限りません。

　いずれにせよ、会社の方針や実情を勘案して運用ルールを決めればよいでしょう。

■ 期中の異動等への対応

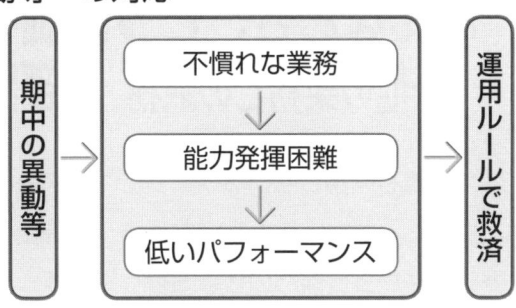

```
期中の異動等 → 不慣れな業務 → 能力発揮困難 → 低いパフォーマンス → 運用ルールで救済
```

② 担当変更による不慣れな業務

　配置転換や担当変更は能力開発における一つの手段ですが、従前の業務とは異なる業務を担当する不慣れさから一時的にパフォーマンスが低下することがあります。この場合に、上司が恣意的に評価を甘くすることは適切ではありません。あくまでも運用ルールに則して評価することが肝要です。

　例えば、既存顧客を担当していた営業社員が、新規顧客開拓の営業部門に異動になった場合、同じ営業職であっても求められる知識やスキルが異なるはずです。求められる知識・スキルが異なるから能力開発につながるのですが、このような場合に一時的にパフォーマンスが低下したことをもって、処遇（賃金等）を下げることは望ましくありません。

　評価自体は評価基準に則して厳格に行うべきですので、下がることもあり得ます。しかし、それを処遇に反映すると、間違いなくモチベーションが低下しますので、このあたりを勘案しながら、運用ルールを会社で決めていけばよいでしょう。

98 こんなとき、どう評価する？
——他の業務との兼務・他部門への応援

- 担当業務以外の業務も兼務している従業員についての人事評価のルールを定め、少なくとも本人に不利になるような評価は避けたい
- 他部門の仕事もしながら自部門の仕事も行う場合は、他部門と自部門の仕事の双方を評価する仕組みが必要となる

１　他の業務を兼務している場合

　通常の担当業務以外に、全社的なプロジェクトに参画するなど他の業務を兼務している従業員を評価することは、直属の上司が、部下のすべての職務遂行を把握できないため難しいですが、このような問題に対応するには、会社で人事評価のルールを明確に決めるしかありません。

　例えば、プロジェクト業務など他の業務を兼務する場合は、直属の上司がプロジェクトを統括している責任者にヒアリングすることで部下の評価情報を集め、本来業務とプロジェクト業務の両方の評価を行います。少なくとも、本来業務を抱えながら全社的なプロジェクトの仕事を兼務する従業員に不利になるような評価は避けましょう。

　また、マトリックス組織等、上司が複数存在する場合の評価も難しいケースです。部下としては当然、自分を評価する権限を持っている上司の指示を尊重しますので、人事評価権をめぐって上司間で争いになります。この場合も、マトリックス組織等では、ライン上の上司が他の上司からも評価情報を収集し、自分の評価と併せて評価を行うというルールを定めればよいでしょう。

■ マルチタスク問題への対処

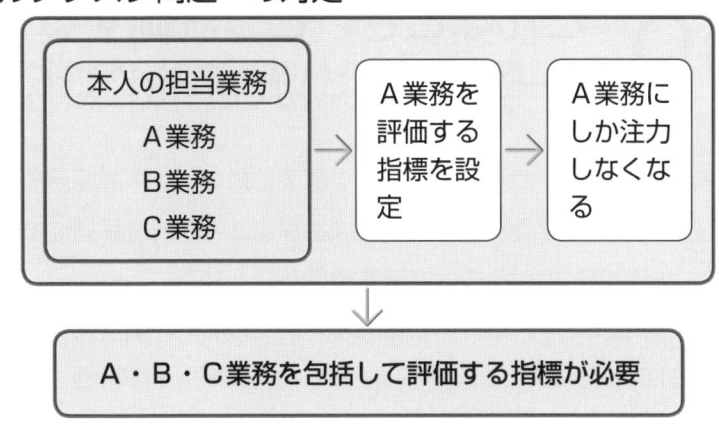

```
┌─────────────────┐   ┌─────────┐   ┌─────────┐
│ ┌─本人の担当業務─┐ │   │ A業務を │   │ A業務に │
│ │               │ │   │ 評価する│ → │ しか注力│
│ │  A業務        │ │ → │ 指標を設│   │ しなくな│
│ │  B業務        │ │   │ 定      │   │ る      │
│ │  C業務        │ │   └─────────┘   └─────────┘
│ └───────────────┘ │
└─────────────────┘
           │
           ▼
┌──────────────────────────────────────┐
│ A・B・C業務を包括して評価する指標が必要 │
└──────────────────────────────────────┘
```

② 他部門への応援

　従業員が所属している部門を離れて、一時的に他部門の応援に出される場合もあります。この場合、応援期間中は他部門の上司の指揮命令下に置かれますので、直属の上司の管理下から完全に離れてしまいます。このようなケースでは、応援先の部門の上司が評価を代行せざるを得ません。

　悩ましいのは、他部門の仕事もしながら自部門の仕事も行うというマルチタスク（複数の仕事）問題が発生する場合です。この場合に人事評価者が直属の上司のみであれば、自部門の仕事を優先してしまい、どうしても他部門の仕事がおざなりになります。このような問題を回避するには、他部門と自部門の仕事の双方を評価する仕組みが必要です。

99 こんなとき、どう評価する？
——個人業績はよいが、協調性に欠ける部下

- 個人業績はよいが、協調性に欠ける部下に対しては、成績評価と情意評価に分けて評価する。目標達成率がよければ成績評価は高くなるが、協調性に欠ける場合は情意評価が低くなる
- 目標管理制度を導入している企業でも、プロセス評価を重視している場合は、協調性に欠ける行動があれば、標準以下の評価しか獲得できない

① 個人業績はよいが、協調性に欠ける部下の評価

　個々人が独立自営のような仕事で、チームワークが不要という職務でもない限り、どの職場でも協調性やチームワークは必要となるでしょう。そうすると上司としては、個人業績がよくとも協調性に欠ける部下に高い評価はつけにくくなります。

　こういった場合、成績評価と情意評価を分けて評価するとよいでしょう。目標達成率がよければ成績評価は高くなりますが、協調性に欠ける行動が見られる場合は、情意評価が低くなります。

　また、目標管理制度（198ページ参照）を導入している企業の中には、目標達成率だけでなく、組織バリューに基づいたプロセス評価を重視する企業も出てきています。組織バリューとは、企業として大切にしている固有の価値観のことで、協調性やチームワークに重点を置いている企業であれば、個人業績がいくら高くとも、協調性に欠ける行動が見られた場合は、標準以下の評価しか獲得できません。

■ 成績評価と情意評価の切り分け

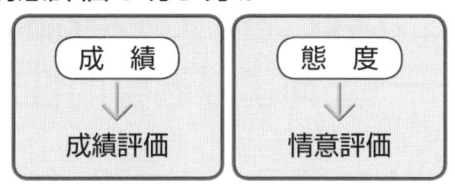

成　績	態　度
↓	↓
成績評価	情意評価

②　チームワークをどう評価するか

　チームワークは、売上高や利益、コストといった定量的な評価指標ではありません。それゆえに外部からは見えにくいことから、チームワークを評価するには、チームワークの定義を明確にすることがまず必要です。具体的には「自分の直接担当する業務以外でも、同僚に対し、必要に応じて情報提供やアドバイスを行っている」などの行動指標を作成し、評価基準として従業員に周知します。

　また、チームワークは具体的な行動としてイメージしづらいため、チームワークを発揮した部下の行動が見られた場合に、上司がそれを積極的に評価し、事例としてミーティング等で紹介するなどの工夫が必要です。

　360度評価を導入し、チームワークの発揮度についての同僚評価をフィードバックすることも、本人の気づきを促す点で有効です。

100 こんなとき、どう評価する？
──上司よりも専門性が高い部下

- 上司よりも専門性が高い部下であっても、社内の他の従業員の意見や評価、保有資格などを参考にして能力評価を行うことが大切である
- 目標達成プロセスについては、ある程度部下の裁量に任せざるを得ないが、目標と達成度基準を明確にすることで、適切な評価が行える

① 上司よりも部下のほうが、専門性が高い場合

　研究開発など高度に専門化された領域では、評価者である上司よりも部下の専門性が高い場合もあり得ます。その場合、上司の知識や経験では適切な評価が行えず、部下に対する評価結果が甘くなってしまう懸念があります。これは人事評価の公平性の観点からすると、問題です。

　しかし、部下が上司よりも専門性が高いという現象は、近年のIT技術をはじめとするテクノロジーの進歩等を前提にすると、むしろ増えてきています。例えば、PCスキルについては、年配の管理職よりも若手従業員のほうが圧倒的に高く、生産性の高い仕事をする場合もあります。

　もちろん、上司が新しい技術を学び、専門性をさらに高めるという努力は必要ですが、上司が自らの経験・知識に照らして部下を評価するという、今までの評価スタイルが通用しなくなってきていることも事実です。

■ 専門性が高い部下の評価

- 同一専門分野等の他の従業員の意見・評価を参考にする
- 保有資格を評価する
- 論文掲載実績など社外通用性を評価する
- 上司が専門性をさらに高め、部下を評価できるようになる

② 専門性の高い部下の能力を評価する

　研究開発者のように高度な専門性を持つ人材の能力は、同じ専門分野の者でなければ評価できません。そのため、社内の同じ分野や隣接領域の従業員の意見や評価を参考にすることも必要です。また、学会誌などの論文掲載実績や、社外シンポジウム等での講演実績、保有資格などを参考にして社外通用性を評価します。

　一方、目標達成度を評価する場合は、目標設定段階から上司が積極的に介入し、部下とディスカッションをしながら、目標と達成度評価の基準について綿密に擦り合わせを行います。この場合、達成するプロセスについては上司の理解を超える部分も出てきますので、ある程度部下の裁量に任せざるを得ません。目標と達成度評価の基準さえ明確になっていれば、評価が甘くなることはないでしょう。

[付録] チェックシート

管理職チェックシート

　管理職は組織運営を行うマネージャーであり、部下を巻き込んで改革を進めていくリーダーでもあります。そこで、管理職として共通に求められる役割行動をチェックリスト化しましたので、確認してみてください。それぞれ、組織運営、業務運営、部下育成、リーダーシップに分けて記載しています。

	No.	チェック項目	チェック
組織運営	1	自社の価値観や組織文化を認識し、自社従業員の行動スタイルの特徴を把握している	
	2	自社のケイパビリティ（他社に負けない独自の強み、競争優位な組織能力）を踏まえた上で、事業の方向性や戦略について理解している	
	3	自社の組織構造（部門とその機能、組織間の関係性）を理解し、会社全体の職務分掌などから自組織のミッション（使命）を把握している	
	4	会社全体の目標から自組織の目標・課題を明確に導き出している	
	5	自組織の将来ビジョンを部下と共有し、方針を明確に示すのと同時に、業務目標達成のための戦略・戦術を計画・実行・評価している	
	6	職務分掌に基づき、部下ごとに担当業務の範囲、職責と職権が明確に規定化（文書化）されており、部下も自分の役割を理解している	
	7	人事評価制度、会計制度、福利厚生制度など会社のシステムだけでなく、就業規則等の労働条件、服務規律についても理解し、部下に説明できる	
業務運営	8	組織の人間関係に気を配り、部下間の対立・協力関係・派閥についても把握し、適切な対応をとっている	
	9	職場の士気を上げ、チームワークを醸成し、部下のエンゲージメント（仕事への熱意・没頭）を高めるための具体的な施策を講じている	
	10	部下の行動や成果について普段から記録し、公正な人事評価を行っている	
	11	部下から相談されやすい雰囲気づくりに努め、部下の悩み等にも的確に対応している	
	12	部下一人ひとりの強みと弱みを把握し、社員等級を勘案しながら担当業務を割り振っている	
	13	部下の仕事の量と仕事の質（難易度、要求水準）を把握し、特定の部下が過重労働とならないよう業務の分散化を図りつつ、必要な場合はサポートを行っている	

	No.	チェック項目	チェック
業務運営	14	部下に担当業務の範囲を明確に伝え、どのようなスタンスで業務に取り組むべきかを説明している	
	15	部下が設定した達成目標の遂行状況を常に確認し、問題が発生している場合は面談を行い、軌道修正を図っている	
	16	部下に担当業務の成果把握の基準（品質水準・納期など）を示し、部下が自分で仕事成果を評価・改善できるように指導している	
	17	職場秩序維持に努め、問題行動を起こす部下には態度を改めるよう促し、状況によっては処分等に関し人事部に判断を求めている	
部下育成	18	部下別に人材育成計画を立て、計画・実行・評価のプロセスを回している	
	19	部下のキャリア上の希望や課題を把握し、部下のさらなるキャリア開発を促すとともに、担当業務の変更、配置転換等において配慮している	
	20	部下の業務遂行状況を常に把握し、励まし・賞賛し・動機づけている	
	21	部下が成果目標を達成できるように、アドバイスを行うなどできるだけの支援を行っている	
	22	部下の業務がマンネリ化しないように配慮し、常に新しいミッションを与え、能力開発に向けて部下を動機づけている	
	23	部下の能力開発上の課題を伝え、具体的なスキルアップの方法をアドバイスしている	
	24	OJT（仕事を通じたトレーニング）だけでなく、研修受講等の機会を与え、さらに自己啓発も促している	
リーダーシップ	25	上司としての役割を果たすために、リーダーとしてどのように振る舞えばよいか理解している	
	26	自分の言葉でビジョンを熱く語り、部下に強く働き掛け、ビジョン実現に向けて部下を巻き込むようにしている	
	27	アンテナを高く張り、内外の情報を集め、リーダーとしての見識を高めている	
	28	部下に命令するだけでなく、部下の仕事がしやすくなるよう環境を整備し、部下を成果実現に導いている	
	29	現状を疑い、変化を求め、継続的に組織改革を行っている	
	30	チャレンジングな目標を自分に課し、部下の模範となるよう行動している	

部下観察チェックシート

部下を理解するための代表的なチェックポイントをまとめています。なるべく多角的に観察できるよう、健康、勤務態度、業務遂行、能力、人間関係、余暇・家庭など多様な切り口から構成しました。

	No.	部下観察ポイント	チェック
健康	1	遅刻、早退、欠勤なく出勤しているか	
	2	顔色がよく、笑顔で元気に挨拶を交わしているか	
	3	睡眠は十分にとれており、食欲も変わりないか	
	4	残業が増えているなど、作業能率が低下していることはないか	
	5	部下のストレス解消法は何か	
勤務態度	6	服務規律や職場のルール違反をしていないか	
	7	SNSなどネット上に会社関連の情報を掲載していないか	
	8	セクハラ・パワハラを行っていないか（遭っていないか）	
	9	仕事をしているようなふりをして、実は楽をしていないか	
	10	奇異な髪型・服装の乱れなどはないか	
	11	義務を果たさず、権利だけ主張していないか	
業務遂行	12	部下が大切にしている仕事上の価値観は何か	
	13	優先順位を考えて仕事に取り組んでいるか	
	14	仕事の効率を考えて、段取りよく業務を遂行しているか	
	15	責任感があり、粘り強く業務を遂行しているか	
	16	言われなくとも、率先して行動しているか	
	17	報・連・相（報告・連絡・相談）をタイムリーに行っているか	
	18	納期など決められた期限を守り、遅れる場合は事前に調整しているか	

	No.	部下観察ポイント	チェック
業務遂行	19	問題が発生する前に、先回りして対処しているか	
	20	達成意欲があり、目標達成に向けて努力しているか	
	21	高い視点から組織全体のことを考えて行動しているか	
	22	自分で考えたり調べたりせず、すぐに上司や同僚に頼っていないか	
	23	評価されない仕事でも、陰ながら黙々とこなしているか	
	24	上司の仕事に関心を持ち、上司を助けようとしているか	
能力	25	的確な実務能力を持ち、独力で担当業務を遂行できるか	
	26	明確かつ簡潔な表現で発言、報告を行うことができるか	
	27	表現が豊かで、ボキャブラリー（語彙）も豊富か	
	28	アイデアが豊富で、よく勉強しているか	
	29	論理的に筋道を立てて考察し、妥当な結論を導くことができるか	
	30	１年前と比べて能力的に成長した点は何か	
人間関係	31	職場内で気楽に相談できる相手がいるか	
	32	他人を思いやる気持ちを持っているか	
	33	感情的にならず冷静に対処しているか	
	34	人の話を途中で遮ったりせず、最後まで傾聴しているか	
	35	手がすいたときに、同僚の仕事を手伝おうとしているか	
	36	上司や先輩を敬い、失礼な態度をとっていないか	
余暇・家庭	37	部下の趣味は何か、余暇をどのように過ごしているか	
	38	部下が余暇活動を通じて得ているものは何か	
	39	家庭生活・異性関係がもとで、業務に影響が生じていないか	
	40	仕事と家庭生活の両立はできているか	
	41	ギャンブル・借金・アルコールなどの問題を抱えていないか	

報・連・相のポイント

　報・連・相（報告・連絡・相談）は社会人の常識とされていますが、新入社員だけでなくベテラン社員でも、ないがしろにされているのが実態です。今一度、確認しておきましょう。

報告	通常、指示・命令を出した上司に対して行う	
	上司に催促される前に自ら報告する	上司が業務全体の流れを管理し、適切な調整が行えるようタイミングよく行う
	予定の変更など、小さなことでも報告する	全体的な業務の調整や判断を上司が下せるように、早めに行う
	悪い状況ほど速やかに報告する	トラブルが発生した際は速やかに行い、勝手な判断や独断は避ける。また、ミスやトラブルが発生したときは、逐次、こまめに行う
	完了まで時間がかかる業務は進捗状況を伝える	完了した業務だけでなく、未完の業務とその進捗状況についても報告する
	結果・結論を先に述べる	経過・原因は後で説明する
	要点を簡潔にまとめる	主語と述語を明確にし、５Ｗ１Ｈの情報を盛り込むように意識する
	数字や固有名詞などを用いて正確な情報を伝える	上司が判断しやすいように、客観的に判断可能な情報を盛り込む
	「事実」をありのまま伝える	個人の意見・臆測は、求められてから述べる
	必要に応じて、口頭だけでなく、書面も併用する	記録を残しておく必要があったり、内容が込み入ったものは書面でも行う

報・連・相のポイント

	横の関係に対して行うケースが多い	
連絡	報告が先、連絡は後	指示・命令を出した上司に報告することが先、関係者への連絡はその後
	必要な連絡は、漏れなく関係者・部署に対して行う	円滑な業務調整のために、関係者・部署と情報を共有する
	連絡の手段を確認する	口頭・メール・回覧・イントラネット掲示板・電話
相談	上司や先輩からは解決の糸口やヒントのアドバイスをもらうもので、どうすべきかは自分で考える	
	仕事の依頼者である上司に相談	仕事そのものの相談は、指示・命令を出した上司に相談することが基本
	自分一人で悩まない	問題やトラブルが発生した場合は、状況が悪化する前に、直ちに上司・先輩に相談する
	内容に応じて、相談するタイミングを考える	仕事の問題、プライベートの問題を区別し、TPOを考慮したタイミングで相談する
	問題点を整理しておく	何が起きているのか（事実）、なぜそれが起きたのか（原因）、自分はどうしたいのか（対策）を明確にする

部下がやる気をなくすNGフレーズ

　上司の何気ない一言が部下のやる気を失わせ、ひいては感情的なもつれから、人間関係や信頼関係までも壊れてしまいます。自分が発した一言に、上司としての責任・役割・自覚の有り様が反映されていることを認識しておく必要があります。

	NGフレーズ	解説
精神論	俺が若いときは…	具体的な指導ができない上司が、精神論で乗り切ろうとするときのフレーズ
	気合が入っていない	
	たるんでいる	
責任回避	だから言っただろ	上司としての責任を回避するためのフレーズ。上司は部下の行動の結果責任を持つという自覚が足りない
	俺は聞いていない	
	責任は取ってもらうからな	
	部長に何と言ったらいいんだ	
	俺の評価が下がるんだよ	
能力否定	使えない	部下の能力を否定するフレーズ。上司は他の同僚と比較することで、部下の能力不足を自覚させようとするが、反感を買うだけである。能力不足をどう解消するかを、具体的に指導しなければならない
	何回言ったら分かるんだ	
	頭悪い／たまには頭使えよ	
	いつまでやっているんだ、のろま	
	気が利かないやつだな	
	少しは○○を見習え	

	NGフレーズ	解説
キャリア否定	今まで何をやってきたんだ	部下のこれまでの経験や将来キャリアを否定するフレーズ。部下の自信喪失につながり、自己効力感が低下する
	そんなことも知らないのか	
	それでは、行くところ（異動先）がないな	
	新入社員か！お前は	
	その程度か	
	大したことないな	
突き離し	言い訳するな	問答無用で部下を突き放すフレーズ。部下のサポートをすることが、上司の仕事であることを理解していない
	俺の言ったとおりにやればいいんだ	
	つべこべ言うな	
	そのうち分かるから	
	そんなこと自分で考えろ	
存在否定	消えてなくなれ	部下の存在を否定するフレーズ。このような発言が出ると、上司としての存在価値が疑われる
	存在自体が迷惑なんだよ	
	もうお前には頼まない	
	君には失望した、期待外れだ	
雇用不安	嫌なら辞めろ	部下を雇用不安に陥れるフレーズ。職場の雰囲気を悪化させ、部下の前向きな取り組み意欲を喪失させる。明らかにパワハラである
	お前の代わりはいくらでもいるんだ	
	今のままでは、ここにはいられないよ	
	今度失敗したら、分かっているだろうな	

部下がやる気を出すOKフレーズ

　部下のやる気と能力を高めていくのが上司の役目ですが、日常のやりとりの中で、さりげない一言が部下のやる気を引き出すことになります。部下のやりがい、働きがい、モチベーションを高めるために上司として実践すべき項目をチェックしてみましょう。

	OKフレーズ	解説
関係づくり	おはよう／おつかれさま／明日も頼むよ	まず、声掛けによって、部下との人間関係を構築する。コミュニケーションは質よりも量であり、まずは積極的な声掛けを心掛けたい
	最近、仕事はうまくいっているか	
	何か困ったことはないか	
	週末はゆっくりできたか	
受容	君の気持ちは分かった	自分とは異なる考え方や意見であっても、受け入れる姿勢を示すことが大切
	君の言いたいことは…だね	
	そういう考え方があることは、認めるよ	
引き出し	私を助けてくれるとうれしいのだが	部下の潜在能力を引き出すことを念頭に、意見や考えを求める。相づちを入れることで、さらなるアイデアを引き出せる
	アイデアを出してほしい	
	いい意見だね	
	意見はいつもウエルカムだ	
応援	いっしょに考えよう	自立した部下を育成するには、部下をサポートしながらも、上司に依存させないことがポイント
	バックアップするから	

	OKフレーズ	解説
応援	いいヒントがあるけど、聞く？	
	○○さんを紹介するから、話を聞いてみたら	
指導	ここを改善すると、良くなるよ	肯定的な表現を心掛けながら、部下の気づきを促すような指導を行う
	この問題の改善策をいくつか出してみて	
	本来あるべき姿は、どんなものかな	
	ゴールをどこに設定しようか	
	ここでの君の役割は何だろうか	
動機づけ	きっとうまくいくよ	明るく生き生きとした表情で、部下とコミュニケーションを図る。表情が明るいと、声も明るくなる
	君ならできる	
	一皮むけて、成長できる仕事だ	
	期待しているよ	
賞賛	よくやったね／大したものだ	うまくいったら、すぐに褒める。部長などの第三者のコメントを引用しながら褒めると効果的
	グッド・ジョブ！	
	頑張ってくれて、私もうれしい	
	部長も君を褒めていたよ	
	みんな、助かっているよ	

リストラアラーム・チェックシート

　部門や部署の業績責任を持つ管理職は、会社業績が悪化すればリストラの対象になりやすいともいえます。リスクヘッジとして、会社の動きと自分の身の処し方を客観的に把握しておくことが重要となります。

	No.	リストラアラーム・チェック項目	チェック
会社の状況	1	会社の業績が悪化している	
	2	社長があまり社内にいない	
	3	役員や将来を嘱望されていた幹部が退職した	
	4	銀行の出入りが多くなった	
	5	合併や買収のうわさがある	
	6	商品在庫が増加している	
	7	工場の生産調整、管理部門の残業規制が始まった	
	8	派遣切りやパート、契約社員の雇止めが始まった	
	9	給料の遅配があった	
上司の態度	10	上司が急に優しくなった	
	11	上司の顔から笑顔が消え、視線を合わさなくなった	
	12	上司から家族のことを聞かれるようになった	
	13	プロジェクトや全社業務など重要な仕事から外された	
	14	仕事が減り、新しい仕事を指示されなくなった	

	No.	リストラアラーム・チェック項目	チェック
あなたの状況	15	非採算部門（赤字部門）に所属している	
	16	業績不振部門の管理職である	
	17	途中入社の場合、勤続年数が3年未満である	
	18	賃金は社内平均よりもかなり高い	
	19	人事評価は標準以下である	
	20	最近、今までのキャリアとは無関係な部署に配転になった	
	21	現在は、役職から外れている	
	22	懇意にしている上司や経営幹部が社内にいない	
	23	遅刻・早退が多い	
	24	周囲の状況を鑑みず、年休を取得する	
	25	メンタル疾患などの私傷病で、過去に休職したことがある	
	26	過去に懲戒処分を受けたことがある	
あなたの性格	27	社内の人づきあいは苦手である	
	28	どちらかというと性格は明るくない	
	29	異性の社員から人気がない（陰口をたたかれ、それが人事の耳に入るリスク大）	
	30	社内に敵が多い	
	31	社内では一匹狼、または浮いた存在である	
	32	人事評価において、上司の評価よりも自己評価のほうが高い	

部下のストレス状況チェックシート

部下のメンタルヘルス不調をチェックするには、事例性（欠勤、能率低下などの具体的な行動・症状）だけではなく、メンタルヘルス不調を引き起こすストレス要因（仕事上のストレス、仕事外のストレス）、ストレスを和らげる緩衝要因（相談相手など）、本人要因についても併せて押さえておきましょう。

	No.	部下のストレス状況チェック項目	チェック
本人要因	1	部下は、プレッシャーに弱く、気疲れしやすい性格である	
	2	部下は、真面目で責任感が強く、几帳面である	
	3	部下は、自分に自信がなく、否定的に物事を捉えがちである	
	4	部下は、人に気を遣い、頼まれたら嫌とはいえない性格である	
	5	部下は、競争心が強く、目標達成意識が高い	
	6	部下は、趣味などでストレスを解消するのが苦手である	
ストレス要因	7	部下に、非常に多くの仕事をさせている	
	8	部下の能力レベルよりも困難な仕事を任せている	
	9	他部門との調整など、部下の権限以上の仕事を任せている	
	10	部下の仕事は定型的で、本人の裁量の余地は少ない	
	11	職場環境が悪い（危険、高温・寒冷、不快、深夜労働、交替勤務など）	
	12	職場の人間関係が悪い	
	13	職場にハラスメント行為をする者、感情的な言動をとるメンバーがいる	
	14	部下は、家庭の問題（育児・介護など）を抱えている	

	No.	部下のストレス状況チェック項目	チェック
緩衝要因	15	上司は、時間をとって部下の相談に応じている	
	16	部下には、気楽に相談できる相手がいる	
	17	部下には、困ったときに助けを求めることができる人がいる	
	18	部下は、職場以外に居場所となるコミュニティを持っている	
事例性	19	部下は、以前に比べて仕事上のミスや事故が多くなった	
	20	部下は、以前に比べて作業能率が低下している	
	21	部下は最近、遅刻・早退・欠勤が多くなった	
	22	部下は最近、無断欠勤が多くなった	
	23	部下は最近、元気がなく、ふさぎがちになっている	
	24	部下は最近、衣服や頭髪がみだれ、不潔になっている	
	25	部下は最近、泣き言を言うなど、否定的な言動が目立つようになった	
	26	部下は最近、辞めたいと言い出している	

職場風土チェックシート

あなたの職場は活気があり、働きやすい職場になっているでしょうか。オープンで風通しがよく、メンバーが自発的・主体的に行動する職場では、チームワークも良くなり、高い生産性が期待できます。

	No.	職場風土チェック項目	チェック
開放性	1	明るく挨拶し合い、感謝の言葉が自然に出てくる職場である	
	2	気づいたことや注意すべきことを、率直に言い合える職場である	
	3	分からないことは相互に教え合い、協力し合える職場である	
	4	個人の欠点・能力不足を批判する、ダメ出し文化にはなっていない	
	5	組織の壁をつくらず、他部署のメンバーとも積極的に交流している	
	6	社外の組織・コミュニティ等へ、"越境"して学びに行くことを推奨している	
自発性・主体性	7	部下は、指示がなくとも、状況に応じて主体的に行動している	
	8	「自分は関係ないよ」というスタンスをとる、無関心なメンバーはいない	
	9	"言い出しっぺ"が損をするような職場になっていない	
	10	積極的に行動し、前向きに失敗することを推奨している	
	11	上司は部下に、「出る杭」になることを推奨している	
	12	部下は、細かく指示されるより、任せてもらうことを望んでいる	
	13	部下は、より困難な仕事に取り組むことに喜びを感じている	
変革力・適応性	14	環境変化に対応して、メンバーの仕事の見直し、再定義を行っている	
	15	良いことは、前例に捉われず積極的に取り入れている	

	No.	職場風土チェック項目	チェック
変革力・適応性	16	おかしいことを「おかしい」と言える職場である	
	17	上司と部下は、未来思考で職場のあるべき姿を話し合っている	
	18	部下は、仕事を通じて自己成長を実感できている	
	19	ミーティングでは、部下から積極的な発言がある	
	20	上司は、メンバーの改善提案を積極的に受け付けている	
協働性	21	職場のミッションやビジョン、目標が共有されている	
	22	それぞれの役割分担をメンバー間で共有している	
	23	毎日、メンバー間で仕事の進捗状況を共有している	
	24	手が空いたメンバーは、積極的に他のメンバーのサポートをしている	
	25	メンバーは、お互いに良い点を認め合い、褒め合っている	

セクハラ、パワハラ、職場いじめチェックシート

　セクハラ、パワハラ、職場いじめは、職場の秩序を乱し、業務に支障を来すほか、職場の雰囲気を悪化させ、組織全体の活力、生産性を低下させます。自分が加害者にならないよう、自分自身の考え方・行動をチェックしてみましょう。

	No.	セクハラ、パワハラ、職場いじめチェック項目	チェック
セクハラ	1	女性社員を、「お嬢ちゃん」「女の子」「○○ちゃん」と呼んでいる	
	2	年配の女性社員を、「おばさん」「子持ち」「熟女」と呼んでいる	
	3	宴会では「きれいどころ」と称して女性社員を近くに座らせることは許容されると考えている	
	4	お茶は、男性よりも女性が入れたほうがおいしいと感じる	
	5	軽い猥談であれば、女性社員も喜んで聞いていると思っている	
	6	若い女性がいると、職場が華やぐ感じがする	
	7	「かわいいね」「髪切ったの」「彼氏できた」と挨拶代わりに聞く	
	8	異性（同性）への軽いボディタッチは、コミュニケーションとして許されると思っている	
	9	異性（同性）の週末の予定、合コンの予定などが気になる	
	10	社内の飲み会等で、異性（同性）社員の性的なうわさ話を聞くのが好きである	
	11	飲みに行くときは、気心の知れた異性だけを誘う	
	12	育児休業を取得する社員は、正直なところ迷惑である	
	13	力仕事は男性社員の仕事だと考えている	
	14	男性社員には残業させ、女性社員には早く帰るよう指導している	
	15	気になる異性には昇進や昇給の評価で力になってあげたい	

	No.	セクハラ、パワハラ、職場いじめチェック項目	チェック
パワハラ	16	厳しく指導することは、部下のためである	
	17	愛情があれば、厳しい言い方をしてもパワハラとはならない	
	18	部署の成果を上げる責任があり、部下の都合ばかり考えていられない	
	19	生意気な部下や意見を言う部下は、正直使いづらい	
	20	むかっとしたときなど、部下に対して手が出そうになることがある	
	21	目障りな部下がいるので、何となくうっとうしい	
	22	自分が悪くても、部下に謝ることはない	
	23	自分は気が短く、仕事が遅い部下を見るとイライラする	
	24	部下が、自分の顔色をうかがいながら仕事をしていると感じる	
職場いじめ	25	仕事ができない部下・同僚をからかったことがある	
	26	何となく気持ちが悪いと思う部下・同僚がいる	
	27	いじめられる者は、本人にも原因があると思う	
	28	仕事ができない社員は、他の社員に迷惑をかけていると思う	
	29	同僚から「バカ」「のろま」「役立たず」などと叱責されている社員がいる	
	30	いつも1人で食事をしている社員がいる	
	31	職場に、何となく周りから浮いてしまっている社員がいる	
	32	職場に、同僚の陰口を言っている社員がいる	

女性活躍推進チェックシート

　我が国の女性管理職比率は、国際的に見ても低水準です。育児休業制度などのファミリーフレンドリーな制度の充実とともに、女性社員が能力を最大限に発揮できる場を積極的につくり出すことで価値創造につなげ、企業競争力を高めていく戦略的な取り組みが求められています。

チェック項目	解説	チェック
女性をことさら特別扱いするような表現を使っていない	「女性活用」という表現も本来は不適切である。「女性は活用される存在なんだ」という反感を抱かせることになる。「女性らしさ」「女性ならでは」という表現も、ステレオタイプな女性像を押し付けることになり、違和感を与えてしまう	
これは男性の仕事、これは女性の仕事という暗黙の区分はない	性別によって仕事内容や役割分担が固定的に定まっている組織では、女性が活躍できる余地は限定的である	
女性の積極的登用策（ポジティブ・アクション）を講じている	女性を配置転換や昇進昇格で有利に扱うことは、本来は逆差別につながるが、女性管理職が少ない職場では、男女雇用機会均等法でも認められている	
女性従業員の直属上司が魅力的である	女性に限らず、従業員が管理職を目指すには、直属上司が管理職として尊敬できる魅力的な人物、理想の人物である必要がある	
女性のキャリアモデルとなる管理職が存在する	キャリアモデルがない場合は、女性管理職としての自己イメージを形成しづらいため、昇進を躊躇してしまう傾向にある。そのため、男性の上級管理職がメンターとしてサポートし、「背中を押す」必要がある	

チェック項目	解説	チェック
女性の経験の幅を広げ、管理職に必要な技能が身につくような仕事経験を与えている	高い視点・広い視野を身につけるための全社的なプロジェクトへの参加、本社業務への異動、他部門との交流など、幅広い経験をさせるとよい	
管理職への昇格条件を満たすような、業績が上がる仕事を与えている	管理職としての技能が身についても、業績基準を満たしていない限り昇格はない。業績評価の対象となるチャレンジングな仕事を与える必要がある	

健康診断結果の見方

　ビジネスパーソンにとって、健康は最大の資源です。成果・業績を上げていくためにも、万全の体調で仕事に望むことが重要になってきます。そのためにも管理職など働き盛り世代は、「自分の健康は自分で守る」という意識を高めていくことが必要です。

	検査項目	正常参考値	解　説
肥満度	BMI (Body Mass Index)	18.5～24.9	体重（kg）÷身長（m）÷身長（m）で計算され、この数値が22のときが、最も病気（高血圧、糖尿病、脂質異常症など）にかかりにくいとされている
	標準体重	身長（m）×身長（m）×22	「22」は上記BMIの標準値
腹囲	内臓脂肪型肥満	男性85cm未満 女性90cm未満	左記数値以上であれば、内臓脂肪型肥満と判定される。内臓脂肪型肥満で、高血糖、高血圧、脂質異常のうち、いずれか二つ以上を合わせもった状態を、メタボリックシンドローム（内臓脂肪症候群）という
血圧	血圧 (BP)	最高150～100mmHg 最低90～60mmHg	高血圧は心臓病、脳卒中や腎臓病などに注意 【黄色信号】高血圧：最高が160以上か、最低が95以上のいずれか。低血圧：最高が100以下、最低が60以下
血清脂質	総コレステロール（T-Cho）	130～219mg/dl	善玉と悪玉のコレステロールの合計値。コレステロールは、細胞膜やホルモンの材料として生命維持に欠かせない物質。この値が高いと、動脈硬化や心臓病のリスクが高まる。低すぎると、低栄養のため早く老化する。低値であれば、肝硬変・甲状腺機能の異常が疑われる

	検査項目	正常参考値	解説
血清脂質	善玉コレステロール (HDL-C)	男性：41〜80mg/dl 女性：41〜90mg/dl	悪玉コレステロールを排除し、心筋梗塞や脳梗塞など動脈硬化を防ぐ。有酸素運動で増加し、喫煙・肥満で減少する。多すぎても血管がもろくなり、問題がある
	悪玉コレステロール (LDL-C)	60〜139mg/dl（閉経後の女性は、70〜159mg/dl）	血液中に増えすぎると血管壁に蓄積し、動脈硬化を進行させ、狭心症や心筋梗塞のリスクを高める
	中性脂肪 (TG)	30〜149 mg/dl	皮下脂肪の大部分を占める脂肪で、糖質、炭水化物、動物性脂肪などを原料に、肝臓で作られる。多すぎると動脈硬化のリスクが高まる。この値は空腹時に低く、食後4〜6時間後に高くなる
貧血など	赤血球数 (RBC)	男性：410〜530×10^4／μl 女性：380〜480×10^4／μl	赤血球には、肺で取り入れた酸素を全身に運び、二酸化炭素を回収する役割がある
	ヘモグロビン (Hb)	男性：13.5〜17.0g／dl 女性：11.5〜15.0g／dl	赤血球中の大部分を占めている赤色の「血色素」。鉄が不足するとヘモグロビンが減少し、酸素の運搬が十分に行われず、貧血状態となる
	ヘマトクリット (Ht)	男性：37〜48% 女性：32〜42%	血液量に対する赤血球の割合を表す。脱水症状になると高くなる
	白血球数 (WBC)	3500〜8500／μl	細菌などの異物が侵入すると、白血球が異物を取り込んで消化し無害化する。細菌感染症（扁桃炎、肺炎など）で増加する
腎機能	クレアチニン (Cr)	男性：0.8〜1.3mg/dl 女性：0.6〜1.0mg/dl	筋肉運動のエネルギー源となるクレアチンの残りかす（老廃物）。腎臓に機能障害があると、この値が高くなる
	尿蛋白	−（陰性）	腎臓は血液をろ過し、体内の老廃物を尿として排泄する。尿に多量に蛋白が混じっていれば、体に必要なたんぱく質まで排泄されていることになり、腎機能の低下が疑われる

	検査項目	正常参考値	解　説
痛風	尿酸 (UA)	男性：3.5〜7.0mg/dl 女性：2.6〜6.0mg/dl	細胞の新陳代謝の過程で作られる物質（体内プリン体の代謝物）。関節などに激痛を伴う痛風の原因物質である。腎機能障害、腎不全でも上昇する
肝機能	尿ウロビリノーゲン	±	ゼロ（±）が正常値。尿からウロビリノーゲンが排出される量が多い場合、肝機能の障害が疑われる
	硫酸亜鉛混濁試験 (ZTT)	2.0〜12.0U	肝機能をチェックする試験。この値が高いと、慢性肝炎、肝硬変、膠原病などを疑う
	アスパラギン酸アミノトランスフェラーゼ(AST) GOT	10〜30IU/l	人体に必要なアミノ酸を作る酵素。心臓、肝臓、骨格筋、腎臓などに多く存在する。これらの臓器が損傷すると、血中に流出しGOT量が増加する
	アラニンアミノトランスフェラーゼ（ALT) GPT	0〜35IU/l	人体に必要なアミノ酸を作る酵素。主に肝臓に存在する。血中のGPT値が高いと、急性肝炎、慢性肝炎、脂肪肝、肝臓がんなどが疑われる
	γ（ガンマ）－GTP	0〜80 IU/l	GOT、GPTと同様にたんぱく質を分解しアミノ酸を作る酵素。肝臓や腎臓などに含まれる。アルコール性肝障害の診断で重要視される
	アルカリフォスファターゼ (ALP)	2.7〜10.0U (74〜223 U/L)	アルカリ性の状況下でリン酸化合物を分解する酵素。肝臓や骨、小腸、胎盤などに多く含まれる。肝臓や胆道を損傷すると、ALPが血液中に流出する
	乳酸脱水素酵素 (LDH)	220〜430 U/L	体の中で糖分をエネルギーに変換する酵素。肝臓や腎臓、心筋、骨格筋、赤血球に多く含まれ、これらの臓器が損傷を受けると血中に流出してLDHの値が高くなる
	総蛋白 (TP)	6.4〜8.2 g/dl	血清中の蛋白の総量で、高値でも低値でも異常値となり、肝臓や腎臓の機能障害が疑われる
	総ビリルビン (T-Bil)	0.2〜1.2mg/dl	血液に含まれている黄色の色素。肝機能障害や胆管障害などで、血液中のビリルビンが増加する。黄疸で体が黄色くなるのは、この色素の影響

	検査項目	正常参考値	解　説
肝機能	HBs抗原	－（陰性）	慢性肝炎を引き起こすB型肝炎ウイルス（HBV）の感染を調べる検査
	HCV抗体	－（陰性）	C型肝炎ウイルス（HCV）の感染を調べる検査
糖尿病	尿糖	－（陰性）	血液中のブドウ糖（血糖）が尿中に漏れ出てきたものが尿糖。糖尿病の可能性を判断する指標。血糖やHbA１cが正常なときは腎性糖尿の疑いがある
	血糖	60～109mg/dl（空腹時）	血糖（血液中のブドウ糖）濃度を調節しているインスリンが不足すると、高血糖となる。糖尿病の判断指標である
	グリコヘモグロビンA1c(HbA1c)	4.7～6.2%	赤血球中のヘモグロビンと血液中のブドウ糖が結合したもの。グリコヘモグロビンの血中割合が高いと、糖尿病の危険性が高まる
大腸	便潜血反応	－	大腸や肛門から出血があると陽性となる。大腸がんやポリープなどの一次検査に用いる
眼底		－	網膜とその血管所見によって、高血圧、動脈硬化、糖尿病の程度を判定する
腹部超音波		－	主に肝臓、胆のう、腎臓に関して、がん、結石、のう胞などを発見するための検査

※医療機関によって検査方法が異なるので、正常参考値は異なる場合がある。

■著者紹介

本田和盛（ほんだ かずもり）

あした葉経営労務研究所　所長
特定社会保険労務士、MBA、キャリアコンサルタント。
小樽商科大学卒、法政大学大学院経営学研究科（人材・組織マネジメント専攻）修了、同大学院博士課程単位取得退学（労働法政策、キャリア政策）。コマツにて法人営業、販売企画、人材育成などの業務を担当後、人事・労務のプロフェッショナルを目指し独立。社会保険労務士として開業後10年間で、200社を超える企業に対し、人事・労務・採用・メンタルヘルスに関するコンサルティングを行う。労働法務から組織開発まで最先端のソリューションを提供し続けている。
著書として『精選100項目で押さえる 管理職の理論と実践』『人事が伝える 労務管理の基本』（以上、労務行政）のほか、労働専門誌等への執筆をはじめ、セミナー・講演の実績も多数。
連絡先：honda@asitaba.biz

カバー・本文デザイン／BSL
印刷・製本／株式会社 ローヤル企画

厳選100項目で押さえる　**管理職の基本と原則**

2014年 6月10日　初版発行
2024年12月25日　初版12刷発行

著　者　本田和盛 ©2014 Kazumori Honda Printed in Japan
発行所　株式会社 労務行政
　　　　〒141-0031　東京都品川区西五反田3-6-21
　　　　　　　　　　住友不動産西五反田ビル3階
　　　　TEL：03-3491-1231
　　　　FAX：03-3491-1299
　　　　https://www.rosei.jp/

ISBN978-4-8452-4301-3
定価はカバーに表示してあります。
本書内容の無断複写・転載を禁じます。
訂正が出ました場合、下記URLでお知らせします。
https://www.rosei.jp/store/book/teisei